ANTES DE DIZER SIM

Jaime Kemp

ANTES DE DIZER SIM

Um guia para noivos e seus conselheiros

Copyright © 1984 por Jaime Kemp
Publicado por Editora Mundo Cristão

Os textos das referências bíblicas foram extraídos versão Almeida Revista Atualizada, salvo indicação específica.

Todos os direitos reservados e protegidos pela Lei 9.610, de 19/02/1998.

É expressamente proibida a reprodução total ou parcial deste livro, por quaisquer meios (eletrônicos, mecânicos, fotográficos, gravação e outros), sem prévia autorização, por escrito, da editora.

Dados Internacionais de Catalogação na Publicação (CIP)
(Câmara Brasileira do Livro, SP, Brasil)

Kemp, Jaime.

Antes de dizer sim: um guia para os noivos e seus conselheiros / Jaime Kemp — São Paulo: Mundo Cristão, 2004.

1. Aconselhamento conjugal 2. Casamento — Ensino bíblico 3. Homem-mulher —Relacionamento 4. Namoro (Costumes sociais) — Aspectos religiosos — Cristianismo 5. Noivado (Costumes sociais) — Aspectos religiosos — Cristianismo 6. Relações interpessoais I. Título

04-3781   CDD-241.6765

Índice para catálogo sistemático:
1. Aconselhamento pré-nupcial: Guias para noivos: Cristianismo 241.6765
Categoria: Casamento

Edição revisada segundo o Novo Acordo Ortográfico

Publicado no Brasil com todos os direitos reservados por:
Editora Mundo Cristão
Rua Antônio Carlos Tacconi, 79, São Paulo, SP, Brasil, CEP 04810-020
Telefone: (11) 2127-4147
www.mundocristao.com.br

1ª edição: 1984
2ª edição: 2004
10ª reimpressão: 2025

Às nossas queridas filhas Melinda, Márcia e Annie, com o profundo desejo de que seus maridos sejam homens fiéis a Deus.

A todos os noivos, que os ensinos deste livro possam servir de alicerce na edificação de verdadeiros lares cristãos.

Sumário

Apresentação   9
1. As vantagens de um curso pré-nupcial   11
2. Um modelo para o curso   14
3. Herança familiar   21
4. O relacionamento de namoro e noivado   26
5. Expectativas conjugais   45
6. Amor ou paixão romântica   55
7. Comunicação   62
8. Resolvendo conflitos   77
9. Relacionamento sexual   83
10. Finanças   105
11. Relacionamento com sogros   113
12. Criação de filhos   123
13. Vida espiritual   129
14. Roteiro da cerimônia de casamento   135
15. Lua de mel   141
16. Tarefas fora do horário do aconselhamento pré-nupcial   157

Apresentação

Estou triste. Tenho o coração apertado. Minha tristeza e minha dor são consequência de muita frustração, angústia e dificuldade que tenho visto em muitos casais em crise. Sou um pastor, um conselheiro, e, portanto, preciso ouvir quase todos os dias o desespero, a desilusão e a dor que tantas pessoas, até mesmo cristãs, estão experimentando, muitas vezes em silêncio, solitariamente, sem ninguém para ajudá-las a carregar o fardo.

Sofro não só por ouvir a novela de um casamento acabado, quase à beira do divórcio ou separação, mas pelo fato de estar realmente sentindo a dor e o sofrimento, estampados nas lágrimas e no desespero dos que se aconselham comigo em meu escritório ou chegam a mim depois das palestras que dou em meus seminários.

Em meu envolvimento com casais, tenho de confessar que inúmeras vezes pensei: "Quem me dera pudesse ter aconselhado esses dois antes do casamento. Quem sabe as coisas seriam diferentes. Quantos problemas eles mesmos poderiam ter resolvido, quantas dificuldades poderiam ter evitado".

Algum tempo atrás, aconselhei um casal. Ele, um pastor; ela, uma professora e dona de casa, casados há dezenove anos, três filhos e sérios problemas. Quanto tempo gastamos tentando desembaraçar dezenove anos de frustração, má comunicação, falta de perdão, sentimentos de culpa, plena desobediência aos princípios claros da Palavra de Deus. Em um dos encontros, quando eu já estava sentindo vontade de desistir de aconselhar o casal, pensei: "Que pena que essas pessoas tão queridas não tiveram algumas horas de aconselhamento pré-nupcial. O aconselhamento certamente as ajudaria a perceber algumas áreas de possíveis problemas e assim receberiam orientação para resolver muitos conflitos na vida matrimonial".

Durante meus 37 anos de ministério entre jovens, namorados e noivos, vi a grande necessidade de uma ferramenta para ajudar-me como conselheiro, e também aos noivos que eu aconselhava. Dessa necessidade nasceu no meu coração o desejo de preparar este manual para pastores, conselheiros, namorados e noivos.

Este livro tem o propósito de abrir uma conversa honesta sobre as áreas nas quais os noivos poderão enfrentar dificuldades no casamento. As perguntas inseridas nas avaliações têm como objetivo ajudá-los a descobrir suas atitudes, comportamentos, e o que pensam e sentem sobre o matrimônio. Através de uma comunicação aberta, o pastor ou conselheiro poderá antever muitas dificuldades, que poderão ser trabalhadas com base em conselhos bíblicos. Como resultado, os noivos iniciarão o casamento com os olhos abertos, amadurecidos, e com capacidade de lidar com qualquer conflito que venha a surgir.

Cada pessoa deve adquirir um exemplar, porque as perguntas devem ser respondidas individualmente.

Também os casados podem beneficiar-se, na medida em que a maioria das perguntas se refere ao relacionamento no casamento. Esse "compartilhar" e "comparar" respostas irá ajudar o casal a abrir as linhas de comunicação entre si e esclarecer mal-entendidos que ocasionalmente surgirem durante o casamento.

É meu sincero desejo que, através deste livro, namorados e noivos possam construir um firme alicerce e casais possam restaurar o casamento para que em tudo isso Deus receba toda a glória.

1
As vantagens de um curso pré-nupcial

Antes de darmos continuidade, vale a pena ressaltar a importância e as vantagens de um curso pré-nupcial. A experiência diária de pastores e conselheiros reforça a necessidade de uma preparação sólida para a vida a dois. Veja comigo algumas das inegáveis vantagens de oferecer um curso pré-nupcial:

1. Demonstra a importância que a igreja dá aos jovens e às famílias. Além disso, é um grande testemunho para os outros jovens que sonham em se casar um dia. Eles reconhecerão a seriedade dos compromissos e serão encorajados a se preparar bem para esse relacionamento.

2. É uma ótima oportunidade a pastores e conselheiros de conhecer os noivos da igreja e fazer uma boa amizade com eles, e, depois do casamento, continuar acompanhá-los no aconselhamento, se for necessário.

3. É um meio de evangelizar algumas pessoas que durante o curso pré-nupcial reconhecerem que não são convertidas.

4. Traz à tona problemas na vida dos noivos que podem ser tratados antes do casamento, poupando-os de muitas dores ou tristezas no futuro. Ele trata de áreas como expectativas irreais, relacionamento

com sogros, como lidar com as finanças, relação sexual etc. Os noivos podem ter ideias erradas, preconceitos ou tabus. O curso, portanto, visa fornecer o ponto de vista bíblico, ajudando a corrigir esses erros.

5. É uma oportunidade de doutrinar os noivos nos conceitos bíblicos sobre a família.

6. Auxilia os noivos a avaliar seu relacionamento. Às vezes, ele os ajuda a descobrir que não devem se casar ou que devem esperar mais tempo, porque não têm maturidade emocional suficiente para dar esse passo.

OBSERVAÇÕES PARA O PASTOR

1. O pastor deve estar convencido de que esse é um ministério prioritário e estabelecer o princípio de que não realizará nenhum casamento sem que primeiramente os noivos tenham feito o curso.

2. Ele deve conversar com a liderança de sua igreja, diáconos, presbíteros, anciãos etc., sobre a importância do curso, compartilhando o conteúdo e pedindo todo o apoio da parte deles.

3. O pastor não deve prometer que realizará o casamento simplesmente porque os noivos fizeram o curso com ele. Em alguns casos, ele perceberá que o casal não deve casar ou que ainda deve esperar.

4. O pastor deve avisar a igreja sobre o conteúdo do curso e especialmente sobre a duração, pois será necessário pelo menos dois ou três meses para completá-lo. O casal precisa estar ciente de que, uma vez noivos, devem imediatamente entrar em contato com o pastor e estabelecer a data dos encontros.

5. O processo de educar os membros da igreja sobre a importância da família e do curso pré-nupcial deve ser constante, usando-se todos os meios de comunicação que a igreja possui, como pregação, ensino, pequenos grupos, boletim das atividades da igreja, quadro de anúncios etc.

6. O curso está dividido em oito sessões de uma hora a uma hora e meia cada uma. O pastor ou conselheiro deve combinar com os noivos quando e onde será melhor se reunir. O gabinete pastoral, na maioria dos casos, é o melhor lugar. Se for possível, durante o expediente do pastor.

7. Reconhecendo que o tempo do pastor é bem limitado, talvez uma solução seria treinar alguns casais-chave na igreja, que tenham famílias bem equilibradas, para que eles ministrem o curso para os noivos.

2
Um modelo para o curso

O modelo para o curso de aconselhamento pré-nupcial que apresento é simplesmente uma sugestão. Cada pastor ou conselheiro poderá criar seu próprio modelo conforme seus objetivos, sua maneira de aconselhar e as necessidades dos noivos. Não é necessário, portanto, seguir rigorosamente este plano, sendo possível desenvolver um esquema em que você, pastor ou conselheiro, se sinta mais à vontade.

Sugiro, entretanto, uma especial atenção às tarefas e aos questionários. As tarefas propostas ajudam a solidificar o entendimento de cada tópico do curso e devem ser incentivadas, bem como os questionários, que permitem uma avaliação realista das expectativas e uma antecipação de situações com as quais o casal irá lidar.

PRIMEIRA SESSÃO

Os propósitos

1. Ajudar os noivos a reconhecer e a compreender o impacto de sua herança familiar e como essa herança pode influenciar na escolha do parceiro e no futuro relacionamento.

2. Ajudá-los a admitir a importância do período de namoro e noivado como a base fundamental para se estabelecer o alicerce de um casamento feliz. Discernir se já existem atitudes, hábitos

e comportamentos que poderão prejudicar o futuro casamento, com o propósito de procurar corrigi-los.

O que fazer?

1. Na primeira sessão, o pastor ou conselheiro deve ouvir as respostas da avaliação sobre Herança Familiar e o Relacionamento de Namoro e Noivado, que estão nos capítulos 3 e 4 deste livro.

2. O pastor ou conselheiro deve conversar abertamente sobre qualquer divergência, respostas não condizentes com os princípios de Deus ou qualquer dúvida que surgir.

3. Recomendo a leitura dos capítulos 2 a 5 do livro *Eu amo você*, que poderá ser útil para maior orientação na área do relacionamento de namoro e noivado.

Observação: Os noivos devem comparecer ao primeiro encontro com as avaliações dos capítulos 3 e 4 feitas. Cada um, portanto, deve adquirir o livro pelo menos uma semana antes do primeiro encontro.

Tarefa para a próxima sessão
1. Ler os capítulos 5 e 6 e fazer as avaliações.
Sugestão para aprofundar o tema
KEMP, Jaime. *Eu amo você*. São Paulo: Sepal, 2000.

SEGUNDA SESSÃO

Os propósitos

1. Ajudar os noivos a reconhecer que às vezes existem expectativas irreais em relação ao casamento que podem trazer muitas desilusões nos primeiros anos de casado. Uma avaliação deve ser feita através do questionário para perceber se essas expectativas existem e como lidar com elas.

2. Ajudá-los a entender a diferença entre amor verdadeiro e paixão romântica e a ter a certeza de que seu relacionamento está alicerçado no amor de 1Coríntios 13.4-7.

O que fazer?

1. Verificar se os noivos têm expectativas irreais em relação ao casamento, através de uma comparação de respostas na avaliação (v. cap. 5). Se as respostas de ambos estiverem muito diferentes, deve haver uma conversa entre eles e o pastor ou conselheiro sobre as diferenças, acompanhada de uma avaliação baseada nos princípios da Palavra de Deus.

2. Embora a avaliação no capítulo 6 seja um tanto subjetiva, creio que pode ser usada para alertar os noivos sobre o que Deus acha do amor verdadeiro.

3. Talvez seja bom conversar com eles sobre as implicações práticas de se aplicar cada qualidade do amor no dia a dia do casamento, conforme o teste paixão ou amor? no capítulo 4.

Tarefa para a próxima sessão

1. Ler os capítulos 7 e 8 e fazer as avaliações.

Sugestões para aprofundar o tema

KEMP, Jaime. *A arte de permanecer casado*. São Paulo: Hagnos. Ler caps. 7 e 11.

_____ Conversando a gente se entende. São Paulo: Editora Fôlego.

_____. *Sua família pode ser melhor*. São Paulo: Editora Vencedores por Cristo, 1986. Ler o cap. 10, p. 77-87.

OSBORNE, Cecil. *A arte de compreender seu cônjuge*. Rio de Janeiro: Juerp. Ler caps. 5 e 6, p. 115-165.

TERCEIRA SESSÃO

Os propósitos

1. Ajudar os noivos a discernir se sua comunicação é construtiva ou destrutiva e a reconhecer que uma boa comunicação entre eles é essencial para desenvolver intimidade no relacionamento.

2. Ajudá-los a reconhecer que terão alguns conflitos, mas se souberem lidar com eles de maneira correta estarão contribuindo para que seu relacionamento se torne mais firme e profundo. Determinar o nível de comunicação em que o casal está.

O que fazer?

1. Comparar as respostas de cada um nas avaliações dos capítulos 7 e 8 sobre comunicação e como resolver conflitos e conversar sobre elas.

2. Esclarecer qualquer dúvida sobre essas áreas.

Tarefa para a próxima sessão

1. Ler o capítulo 9 e fazer a avaliação.

Sugestões para aprofundar o tema

LaHaye, Beverly e Tim. *O ato conjugal*. Belo Horizonte: Betânia, 1989. Ler caps. 1-3. [Se houver dúvidas sobre planejamento familiar, ler o cap. 11.]

Wheat, Edward e Gaye. *Sexo e intimidade*. São Paulo: Mundo Cristão, 1988.

QUARTA SESSÃO

Os propósitos

1. Ajudar os noivos a conversar abertamente e sem constrangimento sobre o seu relacionamento sexual.

2. Ajudá-los a descobrir de onde vêm suas ideias e atitudes sobre sexo e procurar compreender o ponto de vista de Deus a respeito desse assunto, especialmente em relação ao casamento.

Observação: Há algumas perguntas nessa avaliação que podem ser constrangedoras. Seja sensível aos noivos, especialmente à noiva. Se perceber que há receio em compartilhar alguma resposta, não insista, prossiga para a próxima pergunta.

Também reconheço que os noivos não poderão responder a todas as perguntas. O objetivo, nessa avaliação, é provocar uma conversa franca a respeito de assuntos sexuais e esclarecer qualquer dúvida que possa surgir.

O que fazer?

1. Perguntar aos noivos se na leitura ou na avaliação surgiram dúvidas.

2. Responder as perguntas.

Tarefa para a próxima sessão

1. Fazer a avaliação do capítulo 10.

Sugestões para aprofundar o tema

KEMP, Jaime. *A arte de permanecer casado*. São Paulo: Hagnos. Ler cap. 10.

_____. *Sua família pode ser melhor*. São Paulo: Editora Vencedores por Cristo, 1986. Ler o cap. 11, p. 113-124.

QUINTA SESSÃO

Os propósitos

1. Ajudar os noivos a entender alguns princípios básicos da Palavra de Deus sobre dinheiro.

2. Ajudá-los a discernir qualquer atitude errada a respeito de dinheiro e como lidar com ele no casamento.

3. Encorajá-los a fazer um orçamento familiar, mesmo não sendo ainda casados.

O que fazer?

1. Conversar com os noivos sobre as respostas na avaliação sobre finanças e responder qualquer pergunta nessa área.

2. Ajudá-los a fazer um orçamento financeiro para o futuro.

Observação: Pode ser que os noivos queiram fazer o orçamento sem a ajuda do pastor ou conselheiro. Seja sensível aos desejos deles.

Porém, após o orçamento pronto, é aconselhável abordar cada item com eles.

Tarefas para a próxima sessão

1. Responder as perguntas sobre o relacionamento com os sogros (cap. 11).

2. Responder as perguntas sobre criação de filhos (cap. 12).

Sugestões para aprofundar o tema

CHRISTENSON, Larry. *A família do cristão*. Belo horizonte: Betânia, 1996. Ler caps. 3 e 4, p. 55-124.

KEMP, Jaime. *Sua família pode ser melhor*. São Paulo: Editora Vencedores por Cristo, 1986. Ler o cap. 12.

SEXTA SESSÃO

Os propósitos

1. Ajudar os noivos a conversar abertamente sobre seus sogros, problemas que já existem no seu relacionamento com eles e possíveis problemas que terão depois do casamento.

2. Ajudá-los a formular pensamentos e atitudes em relação à criação de filhos e a estabelecer verbalmente um plano sobre como pretendem instruir e discipliná-los.

O que fazer?

1. Comparar as respostas de ambos nas avaliações dos capítulos 11 e 12 sobre relacionamento com os sogros e criação de filhos e conversar sobre elas.

2. Esclarecer as dúvidas.

Tarefa para a próxima sessão

1. Ler o capítulo 13 e fazer a avaliação.

Sugestões para aprofundar o tema

CHRISTENSON, Larry. *A família do cristão*. Belo horizonte: Betânia, 1996. Ler p. 138-208.

KEMP, Jaime. *A arte de permanecer casado*. São Paulo: Hagnos. Ler cap. 3.

SÉTIMA SESSÃO

Os propósitos

1. Ajudar os noivos a entender que a vida espiritual influencia profundamente todas as outras áreas da vida conjugal.

2. Conversar com os noivos sobre atitudes e atividades que poderão proporcionar crescimento espiritual na vida conjugal.

O que fazer?

1. Comparar as respostas na avaliação do capítulo 13 sobre vida espiritual e conversar a respeito.

2. Responder as perguntas que possam surgir.

Tarefa para a próxima sessão

1. Os noivos devem planejar a cerimônia do casamento entre si e com o pastor que for realizá-la. Agindo assim, eles poderão programar um evento que seja do agrado de ambos.

2. Ler o capítulo 15 deste livro, que fala sobre a lua de mel.

OITAVA SESSÃO

Os propósitos

1. Discutir os planos para a cerimônia religiosa com os noivos.

2. Ajudá-los a entender a importância de um bom planejamento para a lua de mel.

3. Conversar sobre as sugestões para a lua de mel mencionadas nesse capítulo e esclarecer qualquer dúvida que possa surgir na conversa.

O que fazer?

1. Ouvir os planos dos noivos a respeito da cerimônia religiosa e propor algo para que ela se torne mais significativa e bonita.

2. Ouvir os planos sobre a lua de mel e oferecer sugestões criativas para torná-la um início maravilhoso.

Herança familiar

Costumo dizer aos jovens que eles não casam apenas um com o outro, mas também com suas famílias. Queiram ou não, essa é a verdade! Eu moro a dez mil quilômetros da família da minha esposa, mas reconheço, até certo ponto, que Judith é o produto da sua herança familiar. Em certo sentido, todos nós somos fruto do nosso ambiente familiar, seja para o bem, seja para o mal. O fato de você ter nascido numa família rica ou pobre, com ou sem instrução, com pais crentes ou descrentes; numa família grande ou pequena, com pais divorciados ou que vivem juntos, tudo isso e ainda mais, tem grande influência em sua personalidade, seu temperamento. A forma pela qual você age e reage às situações e circunstâncias da vida e pela qual seus pais o(a) trataram muitas vezes será a mesma empregada por você para se relacionar com seu cônjuge. As tradições da sua família, ou a falta de tradições na sua infância e adolescência, vão influir decisivamente no seu futuro casamento.

O que você sabe sobre a família do seu futuro marido ou da sua futura esposa? Você pode prever problemas? Eles gostam de você e o(a) aceitam como é? Você consegue antever que eles tentarão se intrometer na sua vida familiar, uma vez casado(a)?

Para melhor compreender as influências que esse assunto pode ter em seu casamento, responda as perguntas que proponho, a seguir. Elas permitirão que você conheça melhor a família do(a) seu(sua) noivo(a).

Converse abertamente antes do seu casamento sobre qualquer problema que eventualmente possa surgir. Cada um deve fazer a sua avaliação e depois compartilhar as respostas. Qualquer dúvida que surgir ao conversarem juntos deve ser esclarecida com um pastor ou conselheiro capaz.

HERANÇA FAMILIAR — AVALIAÇÃO

1. Aliste em ordem cronológica nome e idade dos seus irmãos, incluindo você.

NOME	IDADE

2. Qual é a condição de seus pais:
   - [ ] casados
   - [ ] separados
   - [ ] divorciados
   - [ ] mãe falecida
   - [ ] pai falecido
   - [ ] ambos falecidos
   - [ ] _____

   Se seus pais se separaram ou divorciaram, quem o(a) criou?
   _____

3. Quantos anos seus pais tinham quando você nasceu?
   Pai: _____ Mãe: _____

4. Seu pai é (profissão): _____. Se sua mãe trabalha fora, qual é a profissão dela?_____

5. Como você descreveria o relacionamento com seus pais em sua adolescência?
   - [ ] excelente
   - [ ] amoroso
   - [ ] de companheirismo
   - [ ] regular
   - [ ] péssimo
   - [ ] de rejeição
   - [ ] _____
   - [ ] bom
   - [ ] amigável
   - [ ] tolerante
   - [ ] ruim
   - [ ] hostil
   - [ ] de perseguição

6. Descreva em três ou quatro palavras o caráter de seu pai:

POSITIVO	NEGATIVO

7. Descreva em três ou quatro palavras o caráter de sua mãe:

POSITIVO	NEGATIVO

8. Em quais características acima mencionadas você acha que é:
   - Como seu pai:
   _____
   _____

- Como sua mãe:
  _____
  _____
  _____
  _____

9. Quem você acha que era o líder no seu lar?
   ☐ pai
   ☐ mãe
   ☐ nenhum dos dois
   ☐ ambos disputavam a liderança

10. Mencione qualquer crise conjugal de seus pais, ou um problema entre eles que você conseguiu perceber.
    _____
    _____
    _____
    _____

11. Descreva seu relacionamento com:

Pai	**Mãe**
☐ amoroso	☐ amoroso
☐ de aceitação	☐ de aceitação
☐ de proteção	☐ de proteção
☐ tolerante	☐ tolerante
☐ de rejeição	☐ de rejeição
☐ de perseguição	☐ de perseguição
☐ _____	☐ _____

12. Seu pai o(a) disciplinava:
    - ☐ severamente
    - ☐ brutalmente
    - ☐ com raiva
    - ☐ autoritariamente
    - ☐ com a vara e sem amor
    - ☐ com a vara e com amor
    - ☐ com boa comunicação verbal
    - ☐ _____

13. Você descreveria sua infância como:
    - ☐ superfeliz
    - ☐ feliz
    - ☐ cheia de amor e afeição
    - ☐ de aceitação
    - ☐ triste
    - ☐ insegura
    - ☐ conturbada
    - ☐ criticada
    - ☐ carente de amor e afeição
    - ☐ amargurada
    - ☐ sem motivação
    - ☐ _____

14. Seus pais têm a seguinte opinião sobre seu(sua) noivo(a):
    _____
    _____
    _____
    _____

4
O relacionamento de namoro e noivado

Que sociedade? Que harmonia? Que união?

Certo dia, veio conversar comigo uma moça que já havia participado de um dos conjuntos de *Vencedores por Cristo*. Ela fez o treinamento intensivo e sabia os princípios de Deus para o namoro cristão. Descobri que estava namorando um rapaz não cristão e perguntei-lhe: "Cristina, o que você está fazendo? Já esqueceu o que estudamos sobre o plano de Deus para essa área de sua vida?".

Ela ficou quieta e pensativa, respondendo em seguida: "Sabe, Jaime, é verdade que ele não é cristão, mas é um cara muito legal; é mais cavalheiro que a maioria dos rapazes que conheço; ele me leva à igreja e creio que está receptivo ao evangelho. Vou testemunhar a ele e ganhá-lo para Cristo".

"Cuidado com esse tipo de justificativa", eu lhe disse. "Você tem certeza de que isso não é a voz do diabo cochichando ao seu ouvido?".

Ela saiu do meu escritório tentando me convencer de que aquele relacionamento não iria prejudicá-la, e, meses depois, se casou. Fiquei pensando: "Será que ele entregou sua vida a Jesus?".

Depois de um ano e nove meses, Cristina me telefonou chorando e dizendo: "Jaime, estou desesperada, preciso urgentemente falar com você". Agendamos uma conversa no meu escritório e, quando a vi, fiquei assustado. Seu semblante mudara. Sua aparência era a de uma pessoa triste, frustrada. Logo ela desabafou: "Eu não o conhecia. Antes de nos casarmos ele era gentil, atencioso, carinhoso, ia à igreja. Agora ele mudou completamente, não quer mais acompanhar-me à igreja, até parece que o amor e carinho que sentíamos um pelo outro acabou".

Finalizamos nossa conversa e ela me comunicou uma triste, mas irrevogável decisão: "Jaime, já iniciamos o processo de divórcio".

Hoje ela está divorciada e tem uma filhinha. Não sei o que vai acontecer com Cristina, mas sei que ela não teria passado por essa dor se tivesse obedecido aos princípios da Palavra de Deus. Deus não pode abençoar um relacionamento iniciado com desobediência.

Às vezes me dizem: "Meu pai não era cristão quando se casou, mas agora é líder em nossa igreja". Como responder a esse raciocínio? É pela graça e misericórdia de Deus que seu pai é cristão! Louve a Deus por isso, mas não adote essa linha de pensamento, porque para cada caso assim posso contabilizar outras nove histórias de casamentos mistos em que há tristeza, brigas, desarmonia e divórcio.

Em 2Coríntios 6.14-18, Paulo oferece uma instrução muito importante sobre esse relacionamento tão íntimo. Leia o texto lembrando-se de que a cidade de Corinto era tremendamente pecaminosa, comparável a muitas cidades atuais espalhadas pelo mundo. Mil prostitutas faziam parte da adoração no templo pagão. Foi ali que Paulo pregou o evangelho transformador: "Não vos ponhais em jugo desigual".

Em 1967, meu primeiro ano no Brasil, viajamos para o interior de Minas Gerais, onde vi um carro de boi. Impressionei-me com o jugo, ou canga, sobre o pescoço dos animais. Fui criado na roça e já sabia que não é possível colocar um boi e um cavalo juntos na mesma canga para puxar o carro, porque a natureza deles é diferente. Um sairia correndo para um lado e o outro, devagar, para outro. Paulo usa a canga como ilustração para descrever o relacionamento íntimo entre as pessoas. Não ponha seu pescoço para trabalhar, andar junto, criar filhos, servir ao Senhor, na mesma canga com uma pessoa que não tem Jesus como Salvador e Senhor. Paulo fez cinco comparações para enfatizar que um casamento misto não pode dar certo.

Primeiramente, ele afirma: "Não vos ponhais em jugo desigual com os incrédulos".

Em segundo lugar, ele pergunta: "Que sociedade pode haver entre a justiça e a iniquidade?", ou seja, é muito difícil tentar conciliar o justo com o injusto.

Em terceiro lugar: "Que comunhão [pode haver] da luz com as trevas?". Somos filhos da luz. Não há possibilidade de termos comunhão com os filhos das trevas. O comportamento, a filosofia e os valores são diferentes.

Um rapaz pode dizer: "Jaime, você está dizendo que minha garota linda de morrer é filha das trevas?". Não sou eu quem diz isso, é Deus! Se ela não foi lavada pelo sangue de Cristo não faz parte da família de Deus, portanto, não há nenhuma possibilidade de um relacionamento mais íntimo com ela.

Em quarto lugar, "Que harmonia [pode haver] entre Cristo e o Maligno?". Paulo não se refere apenas a uma pessoa descrente, mas a alguém totalmente nas mãos do diabo.

Em quinto lugar, Paulo pergunta: "Que união [pode haver] do crente com o incrédulo?". Fomos comprados por um preço alto, não pode existir unidade entre o santuário de Deus e os ídolos.

Muitos jovens não querem se casar por não conhecerem casamentos harmoniosos, famílias felizes. É pena, pois o casamento é a primeira instituição de Deus. Portanto, dentro dos planos e princípios divinos, deve ser o relacionamento mais bonito. Jovens noivos, Deus quer andar e habitar entre vocês, participando de suas atividades.

Não há dúvida alguma de que devemos ser luz e sal no mundo em que vivemos, iluminando e preservando o que resta de uma sociedade decaída. Isso requer nossa amizade e presença entre as pessoas, mas Paulo está se referindo a relacionamentos íntimos, como namoro, noivado e casamento.

Posso dizer, sem medo de errar, que 75% de todos os problemas que encontro em meu aconselhamento de casais têm sua origem na época de namoro e noivado. Jovem, Deus tem um plano maravilhoso para você! O Senhor está mais interessado em saber com quem você vai se casar do que você mesmo. Espere nele e ele tudo fará. "Agrada-te do senhor, e ele satisfará os desejos do teu coração."

Deus me deu esse versículo quando eu estava inquieto e inseguro em relação a essa área da minha vida. Ele não falha. Verifique se os seus desejos estão dentro do padrão de Deus e espere. O Senhor sabia exatamente que tipo de esposa eu precisava e me deu uma linda loira. Ele será fiel com você também. Basta confiar e esperar.

Com isso, fica bem claro a importância da escolha certa. O casamento sob jugo desigual é incompleto porque seu aspecto prioritário, a unidade espiritual, inexiste. Uma vez tomada essa decisão, a segunda será: "Vou basear nosso namoro e noivado nos princípios de Deus".

"Portanto, quer comais, quer bebais ou façais outra coisa qualquer, fazei tudo para a glória de Deus" (1Co 10.31).

"NAMORO A TRÊS!"

Certa vez, em um dos meus seminários, perguntei aos rapazes: "Quando foi a última vez que você orou com sua garota?". Depois, um deles me disse: "Jaime, oração no namoro? Não tem cabimento!". Se não há ambiente para a oração, alguma coisa está errada no seu relacionamento, porque a oração deve ser a prática mais espontânea na vida cristã.

Nossa tendência é selecionar e catalogar o que julgamos ser espiritual e aquilo que consideramos corriqueiro. Por exemplo, muitos acham que lecionar na escola dominical é uma atividade espiritual, mas não acreditam que conversar com o namorado ou comer pizza juntos seja, também, uma atividade espiritual. Paulo põe por terra essa ideia em 1Coríntios 10.31. Deus quer participar de todas as atividades de nossa vida.

Uma moça disse-me uma vez que não lia a Bíblia ou orava com seu namorado porque ele era tímido. Posso entender essa timidez quando a pessoa é recém-convertida, ou se o namoro está no início. Entretanto, se depois de seis meses ou um ano ele(a) não pode ou não quer orar e ler a Bíblia com ela(e), esse relacionamento deve ser seriamente avaliado. Se não desenvolverem esse alicerce, o casamento não resistirá às tempestades e crises que a vida conjugal trará. Sem os princípios de Deus bem definidos, é impossível tomar decisões corretas no namoro, noivado ou casamento.

Quando jovem, também fui tentado a não me preocupar com o desenvolvimento de uma base espiritual firme. Nunca vou me esquecer da primeira vez em que eu e minha namorada, que agora é minha esposa, saímos. Meu coração batia tão descompassadamente que cheguei a pensar que ele pularia para fora do meu peito. Eu estava completamente apaixonado por ela! Tinha resolvido no meu coração desenvolver um namoro com a Judith dentro dos padrões de Deus. Quando entramos no meu Chevrolet novo, queria orar antes de sair, mas tive medo de que ela pensasse que eu era um fanático religioso. Por alguns segundos, lutei comigo mesmo mas, na última hora, disse: "Você não gostaria de orar comigo agora?". Ela olhou para mim com um sorriso bonito e disse: "Sim, quero". Foi preciso muita coragem para fazer aquilo, mas dou graças a Deus porque hoje, depois de 39 anos, é fácil orar com minha esposa. Lembro-me ainda daquela oração: "Querido Pai, queremos convidá-lo a participar conosco de nossas atividades. Desejamos que o Senhor seja o centro do nosso namoro. Que nossos pensamentos, palavras e ações sejam dirigidos pelo Senhor. Queremos agradá-lo com o nosso relacionamento. Abençoa-nos, Senhor, em nome de Jesus. Amém".

Os momentos de oração, de compartilhamento da ação de Deus em nossa vida e a leitura da Bíblia juntos foram usados para nos dar forças nas horas de tentações que dois jovens têm, especialmente no controle dos impulsos sexuais e no relacionamento físico no namoro. Não estou dizendo que foi tudo perfeito. Houve dificuldades, tentações e, às vezes, desentendimentos, mas sempre consideramos Jesus como a pessoa mais importante em nosso relacionamento, e a Palavra de Deus o guia de nossas decisões e atitudes.

Se vocês não oram juntos no período de namoro e noivado, se não procuram ler e obedecer a Palavra, se não há conversas francas e abertas sobre dificuldades, não pensem que, de repente, no primeiro dia do casamento, será automático orar, colocar a Bíblia como prioridade e organizar a vida conforme os princípios de Deus. Isso simplesmente não acontecerá. O período de namoro e noivado é importante para construir o alicerce para um casamento feliz.

Quero dar algumas sugestões que podem ajudar nesse sentido:

1. Desde o início do relacionamento, planejem atividades em grupo. Evitem longos períodos a sós, colocando-se em situações onde seus impulsos sejam estimulados demais.

2. Estabeleçam regras de conduta coerentes com princípios bíblicos. Por exemplo, sejam francos quanto ao relacionamento físico. Às vezes, as carícias são excessivas e há defraudação.

3. Coloquem a Bíblia como regra de fé e prática. Isso quer dizer que vocês vão estudá-la juntos e procurar descobrir aplicações práticas.

4. Desenvolvam um espírito de louvor e oração. Criem o hábito de sempre levar os problemas a Deus em oração e, também, dedicar momentos de louvor a ele após uma vitória.

5. Procurem manter uma comunicação aberta. Um dos maiores problemas no casamento é a falta de comunicação, ou a comunicação não aceitável, como gritarias, brigas etc. Aprendam logo de início a preservar uma linha de comunicação aberta entre vocês e o

Senhor. Desenvolvam um espírito de perdão. Uma noiva, com muito orgulho, disse-me há algum tempo: "Jaime, quero que saiba que em nosso namoro e noivado nunca brigamos nem discutimos". Olhei-a com desconfiança e disse: "Não tenho certeza, mas acho que seu relacionamento está precisando de mais objetividade e honestidade. Todo relacionamento enfrenta provações. Mas o amor verdadeiro usará a tribulação para que o relacionamento se torne mais profundo e comunicativo".

6. Procurem ler bons livros. Sugiro os seguintes: Uma bênção chamada sexo, de Robinson Cavalcanti, ABU Editora; Casei-me com você, de Walter Trobisch, Edições Loyola; Amor, sentimento a ser aprendido, de Walter Trobisch, ABU Editora; e A família do cristão, de Larry Christenson. Esses livros podem ser lidos e discutidos, porém tenham muita cautela em relação a conversas íntimas sobre sexo, que poderão despertá-los sexualmente.

Tenho certeza de que você deseja um casamento feliz, dentro do padrão de Deus. Para que isso aconteça, você tem de construir sua casa na Rocha, que é Cristo, e caminhar sob a orientação da Palavra de Deus. Decida basear seu noivado nos princípios de Deus, e que ele o abençoe nessa decisão.

"SEXO... POR QUE ESPERAR ATÉ O CASAMENTO"

Vamos conversar agora sobre o relacionamento físico. Como controlar as carícias? Quem deve controlar o relacionamento físico? É possível ter contato físico e ainda permanecer na vontade de Deus? Quais são os limites que Deus impõe?

Será que a Bíblia tem respostas para perguntas como essas? Deus está interessado nesse assunto? Digo com toda convicção que há respostas bíblicas para essas perguntas e que Deus está interessado no relacionamento dos jovens cristãos.

Em 1Tessalonissences 4, Paulo trata do nosso relacionamento físico. Veja a passagem, versículos 1 a 8.

De que forma devemos viver para agradar a Deus? Conforme o versículo 3, a vontade de Deus é a nossa santificação. Isso quer dizer pureza moral. É a negação dos padrões imorais da sociedade e a aceitação do padrão de Deus. Paulo está dizendo que Deus quer que dediquemos nossa vida a ele e que nos abstenhamos da prostituição. Paulo não está desaprovando somente a comercialização do sexo pelas mulheres na rua, mas a imoralidade sexual, seja em palavra, seja em ação.

Em pesquisa realizada entre os jovens evangélicos brasileiros de até 21 anos de idade, descobri que grande porcentagem já teve relação sexual com suas namoradas. Paulo está dizendo que Deus quer que vivamos com pureza moral. No versículo 4, ele encoraja: "que cada um de vós saiba possuir o próprio corpo em santificação e honra" (a tradução antiga diz *o seu vaso*, mas na língua original podemos deduzir *corpo*). Alguns acham que a palavra *corpo* se refere à esposa. Quer signifique o próprio corpo, quer o da esposa, é importante ressaltar que o(a) jovem deve se guardar puro até o casamento, quando, então, poderá desfrutar dos prazeres do ato conjugal.

Paulo está demandando pureza moral não somente para a mulher, mas também para o homem. Na sociedade brasileira, não é somente aceitável, mas está totalmente dentro dos padrões, que o jovem tenha uma série de experiências sexuais antes do casamento. Muitos pais estimulam seus filhos a manter relações sexuais para "provar que são homens". Mas, no texto, não há padrões duplos. Quando o homem se casa, no leito matrimonial ele deve ter a sinceridade e a liberdade de poder dizer para sua esposa, como ela para ele, "Querida(o), esperei por você e agora todo o meu amor é exclusivamente seu". Muitos não podem fazer isso. Quando há intimidade sexual no período de namoro e noivado, o sentimento de culpa pode ter efeitos negativos no casamento e ser fonte de irritações e brigas.

Devemos aprender como nos relacionar na área física, não apenas na área do namoro. Paulo fala, no versículo 5, "não com o desejo de lascívia", para mostrar que essa é a maneira errada de o homem iniciar seu casamento.

Os pagãos dos dias de Paulo conheciam deuses tão imorais quanto eles. Quando iam adorar no templo, mantinham relações sexuais com as prostitutas que costumavam permanecer ali.

Quando Paulo ressalta "nesta matéria", sobre o que está falando? Ele se refere ao nosso relacionamento físico e nos exorta a tomar cuidado, pois podemos ofender e/ou defraudar nosso(a) irmão(ã). A palavra defraudar significa tirar vantagem sobre o outro. Há várias maneiras de fazer isso, mas Paulo está se referindo a uma defraudação sexual. Defraudar também significa excitar, ou despertar desejos sexuais na outra pessoa que não podem ser satisfeitos dentro da vontade de Deus, que é o casamento.

Defraudar significa ainda utilizar, como se fosse sua, a propriedade de outro. Jovem, seu(sua) noivo(a) não é sua propriedade. Ele(a) pertence ao Senhor. Portanto, promiscuidade representa roubar do outro a virgindade, que deve ser preservada para o matrimônio. Isso é defraudar. Você pode dizer: "Mas ela(e) vai ser minha(meu) esposa(o)!". Como você pode ter certeza? E, mesmo tendo certeza, Deus disse que é contra as pessoas procederem dessa maneira quando solteiras. Nós fomos chamados não para a impureza, mas para novidade de vida.

Vamos ser ainda mais práticos. Um jovem me pergunta:

— Jaime, até onde posso chegar no meu relacionamento físico com minha garota?

Será que devo responder: "Olha, você deve beijá-la três vezes no sábado, mas no domingo, que é dia do Senhor, uma só vez"? Ou: "Você pode se despedir dela com um abraço de onze segundos e um beijo no rosto"? Obviamente, tudo isso é bobagem. É tolice, porque cada jovem responde de uma maneira diferente às carícias de um homem ou mulher. Não podemos estabelecer uma série de regras. Deus nos dá claramente o princípio que indica o limite no nosso relacionamento físico: não defraude. No instante em que começa a excitar desejos sexuais, mesmo que totalmente puros em si, você começa a defraudar. Não estou dizendo: não se toquem. Para alguns, basta pegar na mão; para outros, é poder beijar e abraçar na despedida. A regra é sempre não despertar os impulsos sexuais no(a) noivo(a).

"Mas, Jaime", você diz, "como vou saber se estou defraudando ou não?". Comunicação! Vocês têm de conversar sobre isso. Feliz a moça ou o rapaz que sabe dizer "não!". Algumas garotas dizem que precisam se entregar um pouco para que o rapaz não pense que são frias. Isso não é verdade. Lembro-me de uma namorada que tive, chamada Eloísa. Uma noite, depois de sairmos juntos, levei-a para casa por volta da meia-noite. Seus pais ainda não tinham chegado, estava meio escuro na porta da casa e eu tentei abraçá-la. Ela imediatamente me empurrou e disse: "Jaime, 2Timóteo 2.22!". Eu não sabia o que estava escrito em 2Timóteo 2.22, mas meu orgulho ficou muito ferido. Saí correndo, sem me despedir e fui para casa chateado. Assim que cheguei, imediatamente consultei minha Bíblia para descobrir o que aquela menina "superespiritual" quis dizer: "Foge [...] das paixões da mocidade". Fiquei muito irritado, e por duas semanas nem lhe telefonei. Mas lá no fundo do meu coração senti respeito por ela, até um desejo de tê-la como esposa, porque sabia que Eloísa era uma moça de caráter e convicções firmes.

Sim, é preciso coragem e determinação por parte dos dois para dizer: "Querido(a), vamos parar por aqui, porque senão vamos defraudar".

Às vezes surgem desculpas como: "Ele tem alguns maus hábitos, ou ninguém é perfeito". É verdade, ninguém é perfeito, e por isso precisamos estabelecer limites na área do relacionamento físico para não sermos atingidos por uma tentação forte demais. Mesmo que a sociedade ache esses padrões "quadrados", devemos nos lembrar de que o importante é o que Deus pensa, e ele já nos revelou o seu padrão.

Um olhar sensual e uma roupa ousada são maneiras de um jovem defraudar outro. Contatos físicos constantes e longos períodos de carícias devem ser evitados. Quando a intimidade física se desenvolve antes da espiritual, forma-se uma nuvem de culpa entre o casal, e entre eles e o Senhor. Muitos casais que aconselho têm graves problemas no casamento porque não cuidaram de seu relacionamento físico. Com o passar do tempo, muitos são surpreendidos pela desconfiança, infidelidade, frustrações, brigas e sentimentos de culpa.

Se você deseja um casamento feliz, decida não defraudar seu(sua) noivo(a). Lá no altar, você poderá dizer: "Querido(a), com esta aliança estou me entregando totalmente a você". Espere no Senhor e você estará desenvolvendo um alicerce bem firme para seu casamento, e um futuro lar harmonioso.

O QUE NOSSOS PAIS TÊM A VER COM NOSSO RELACIONAMENTO?

Creia ou não, a harmonia e a felicidade de seu futuro casamento dependem muito de sua capacidade de tratar seus pais e irmãos em casa e de sua disposição de se submeter à liderança que Deus instituiu em sua vida. Por isso, é muito importante vocês estarem em harmonia em seus lares.

Deus usa as famílias e as situações em casa para moldá-los e desenvolver qualidades espirituais, preparando-os para seu futuro lar.

Em Efésios 6.1 e Colossenses 3.20, Paulo ensina sobre a obediência aos pais. Deus deseja que todo jovem aprenda a viver sob autoridade (Rm 13.1).

Às vezes, aprender a viver em harmonia e paz com nossos pais ou irmãos exigirá sofrimento. Porém, isso também é parte do plano de Deus para moldá-los à imagem do seu filho (Rm 8.29). No casamento, o que nos ajudará diversas vezes será a entrega dos nossos direitos ao cônjuge (como o exemplo de Cristo em 1Pedro 2.22-23).

Repetidamente, em meio ao sofrimento, queremos exigir nossos direitos, enquanto Deus deseja desenvolver mansidão e humildade em nosso coração. Sempre será bem mais fácil aprender em nosso lar do que no relacionamento conjugal.

Cresci praticamente com quatro irmãs em casa. Imaginem quatro irmãs e só um banheiro. Eu nunca tinha vez! Mas não percebi que, através daquela situação incômoda, Deus queria desenvolver paciência no meu caráter. Como não aprendi, e porque Deus me ama e está querendo formar Jesus em mim, ele continua trabalhando.

Durante muito tempo, enquanto nossas filhas ainda eram solteiras, convivi diariamente com quatro mulheres: Judith, minha esposa, Melinda, Márcia e Annie, e uma cachorrinha. Não aprendi a ser paciente, mas tenho observado que, se tivesse aprendido essa lição, pelo menos em parte, ainda jovem, teria sido bem mais fácil.

Quando converso com jovens sobre a necessidade de viver em harmonia em seus lares, eles sempre se desculpam dizendo que seus pais são fechados e antiquados. Não me refiro ao tipo de pai ou mãe que você tem, mas, sim, à sua maneira de reagir diante de uma situação difícil. Não sei como são seus pais ou irmãos, mas há alguém que conhece o coração deles e os tem em sua mão. A oração é um instrumento poderoso, e se você orar Deus agirá, transformando o coração deles ou o seu.

Se não aprendemos a viver em harmonia em nosso lar enquanto formos solteiros, sofreremos as consequências futuramente, no casamento. Moças, observem como seu noivo trata sua futura sogra. Ele é respondão, não tem respeito e não a obedece? Esta é uma dica importante. Não se case com um homem assim. Espere até que ele aprenda a viver em harmonia, tratando a mãe com respeito, porque um dia ele irá tratá-la do mesmo modo. Agora, dirigindo-me aos rapazes, observem a maneira como sua noiva responde ao pai.

Ela fala mal do pai quando está com você? Não respeita as ordens dele? Se ela demonstra tais atitudes negativas, provavelmente um dia agirá da mesma forma com você. "Honra a teu pai e a tua mãe." Esse é o caminho para um casamento feliz.

Em Números 14.18, encontramos um princípio eterno de Deus. Nossas fraquezas, desobediência, pecados serão transmitidos aos nossos filhos.

Conheço muito de perto uma família que ilustra essas palavras. A avó nunca aprendeu a ser submissa ao seu marido. Era uma pessoa agressiva e dominadora, e suas duas filhas, não tendo o exemplo de uma mãe submissa, tiveram problemas no casamentos. Uma delas teve quatro filhas, das quais três são divorciadas. Casaram-se novamente e suas filhas também se divorciaram. Uma delas não se casou legalmente, mas vive com um homem. Outra, mãe solteira aos catorze anos de idade, foi forçada a casar-se com o pai da criança, mas divorciou-se logo depois. Atualmente, a quarta geração está cometendo os mesmos erros e sofrendo as consequências dos pecados e da insubmissão das gerações anteriores. Por que tanta tristeza? Nenhuma dessas mulheres teve a oportunidade de observar uma mãe que vivesse de acordo com os padrões divinos. Não estou afirmando que o marido delas foram "anjos". Pelo contrário, muitos deles também desobedeceram a Palavra de Deus. O bem mais valioso que uma mãe pode legar como herança à sua filha é ser submissa ao pai dela; e a melhor herança que um pai pode dar a seu filho é o amor que dedica à mãe dele.

Jovens, se vocês percebem a revolta de um espírito rebelde em vocês mesmos ou em seus parceiros, esperem no Senhor — conversem e orem sobre isso. Tenham paciência até que aprendam a viver em harmonia em seu lar, para então se casar. Essa harmonia só pode ser desenvolvida entre duas pessoas que tenham Jesus como Salvador e Senhor, e que estão constantemente submetendo suas vontades, decisões e procedimentos à liderança do Espírito de Deus. Aprender a obedecer a autoridades e viver em harmonia é um dos maiores e mais importantes desafios para um casamento feliz.

TESTE: PAIXÃO OU AMOR?

Paixão

1. A paixão romântica pode surgir de repente, como um raio corta o céu.
2. Ela acontece por você achar alguém o máximo sem, no entanto, conhecer suas qualidades ou defeitos.
3. Na verdade, ela vê a outra pessoa como um meio de conseguir alguma coisa: segurança, carinho, sexo etc.
4. É possível apaixonar-se por duas ou mais pessoas ao mesmo tempo.
5. Uma pessoa apaixonada "vive nas nuvens", fora da realidade.
6. Para o apaixonado, o visual da outra pessoa é fundamental.
7. A paixão aprecia estar com a outra pessoa pela excitação sexual que ela provoca.
8. Uma pessoa apaixonada usa "máscaras" para agradar sempre e não decepcionar o outro.
9. As afinidades nem sempre são fortes e definitivas. A atração é mais física que emocional e intelectual.
10. Os pais acham que, antes de pensar em algo mais sério, é preciso dar mais tempo.

Amor

1. O amor cresce devagar, como uma árvore.
2. Ele continua crescendo mesmo depois de perceber que a outra pessoa "dá suas mancadas".
3. Está interessado no bem-estar e na felicidade da outra pessoa.
4. Dedica-se exclusivamente a uma só pessoa.
5. Ele sonha, mas sem exageros. Sabe equilibrar os sonhos com a realidade.
6. Para quem ama, o relacionamento total é mais importante que a atração física.
7. O amor gosta de estar com a outra pessoa por amizade, companheirismo, carinho.

8. Ele é o que é. Não tem medo de mostrar falhas e virtudes.
9. No amor, há muita afinidade. Interesses, alvos, valores, atividades, ou só uma boa conversa.
10. Os pais apreciam a pessoa com quem se está namorando e incentivam o relacionamento para que se conheçam melhor.

O RELACIONAMENTO DE NAMORO E NOIVADO — AVALIAÇÃO

1. Você já é noivo(a)?
   ☐ sim   ☐ não

   Se a resposta for sim, você já marcou a data do seu casamento? Qual é? _____

2. Há quanto tempo vocês se conhecem?
   _____

3. Com que frequência vocês se encontram?
   ☐ todos os dias   ☐ uma vez por semana
   ☐ dois/três dias por semana ☐ dois/três dias por mês
   ☐ uma vez por mês   ☐ uma vez em 2-3 meses

4. Você já foi noivo(a) de outra pessoa alguma vez?
   ☐ sim   ☐ não

   Se a resposta for sim, por quanto tempo e por que desmanchou?
   _____
   _____

5. Sua(seu) noiva(o) tem Jesus Cristo como Senhor e Salvador de sua vida?
   ☐ sim   ☐ não   ☐ não sei

Se a resposta for não, leia 2Coríntios 6.14-18 e responda o que você acha que deve fazer à luz dessa passagem.
_____
_____
_____

Se a resposta for sim, resuma em poucas palavras a experiência de conversão dela(e).
_____
_____
_____
_____

6. Que evidência demonstra que ela(e) tem Jesus Cristo como Senhor e Salvador da sua vida?
_____
_____
_____

7. Vocês têm orado juntos?
   - ☐ quase sempre
   - ☐ muitas vezes
   - ☐ nunca
   - ☐ às vezes
   - ☐ poucas vezes

8. Têm lido a Bíblia juntos?
   - ☐ quase sempre
   - ☐ muitas vezes
   - ☐ às vezes
   - ☐ poucas vezes
   - ☐ nunca

9. Por que você quer se casar?
_____
_____

10. Aliste algumas coisas que vocês têm em comum.

11. Aliste algumas coisas que vocês não têm em comum.

12. Você é mais feliz e sente-se mais realizado(a) no relacionamento quando:

13. Você é mais infeliz e mais inseguro(a) no relacionamento quando:

14. Ela(e) o(a) irrita quando:

15. Ela(e) não demonstra boas maneiras nas seguintes áreas:

16. Você gostaria de alcançar os seguintes alvos no casamento:
_____
_____
_____
_____

17. Dos itens abaixo, quais poderiam criar barreiras no seu casamento?
    ☐ relacionamento físico no namoro ou noivado
    ☐ gravidez
    ☐ aborto
    ☐ casar contra a vontade dos pais
    ☐ um dos dois ou ambos serem jovens demais para se casar
    ☐ conflitos dos pais entre si
    ☐ diferenças de temperamento
    ☐ ex-homossexual/lésbica
    ☐ grande diferença de idade
    ☐ diferenças culturais
    ☐ diferenças intelectuais
    ☐ diferenças raciais
    ☐ diferenças econômicas
    ☐ defeitos físicos

18. Você tem defraudado fisicamente seu parceiro(a) no período de namoro ou noivado? (Defraudar: excitar ou despertar desejos sexuais na outra pessoa que não podem ser satisfeitos dentro da vontade de Deus, que é o casamento.)
    ☐ muitas vezes   ☐ algumas vezes
    ☐ nunca

    Se você a(o) tem defraudado, já confessou isso para Deus e para ela(e)?
    ☐ sim   ☐ não

Que medidas você tem tomado para evitar intimidades físicas no período de namoro ou noivado?
_____
_____
_____

Essas medidas têm dado certo?
☐ sim   ☐ não

19. Seus pais estão de pleno acordo com o casamento?
☐ sim   ☐ não   ☐ não sei

Se a resposta for não, você sabe por quê?
_____
_____
_____

20. Você estaria disposto(a) a esperar até que seus pais ou sogros estejam de pleno acordo com o seu casamento?
☐ sim   ☐ não   ☐ não sei

21. Seu amigos têm a seguinte opinião sobre seu casamento:
_____
_____
_____

5
Expectativas conjugais

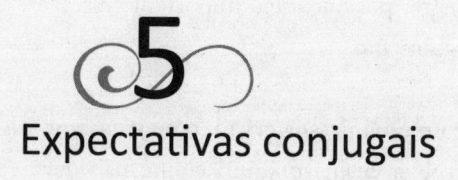

— **Você está ficando igualzinho** a seu pai!

— Você reage como sua mãe!

— Esperava algo bem diferente do nosso casamento.

— Quando a gente namorava, tudo ia às mil maravilhas, mas agora...

— Eu tinha certa imagem do nosso relacionamento, mas a realidade está sendo bem diferente.

Essas e outras expressões semelhantes dão ideia das frustrações, desilusões, desapontamentos e desesperos de muitos casais, já casados há muitos anos. Mas, infelizmente, com casais com apenas um, dois ou três anos de casamento acontece a mesma coisa. *Desilusão* é a palavra que melhor descreve o sentimento de muitos recém-casados. Por isso, todo jovem deve perguntar a si mesmo: "Quais são as minhas expectativas em relação ao casamento? Será que essas expectativas são realistas?". Se essas perguntas forem respondidas honestamente, essa futura frustração pode ser amenizada. Casar com expectativas irreais e não ter os "pés no chão" por certo trará muitas desilusões nos primeiros anos de casamento.

Por essa razão, costumo conversar com os noivos sobre suas expectativas nas seguintes áreas: papel do marido e da esposa, amor, comunicação, como resolver conflitos, sexo, finanças, sogros, filhos e vida espiritual.

Quero demonstrar por que é tão importante discernir as expectativas antes do casamento.

Se eu me casar com uma pessoa cristã, o meu casamento será seguro e feliz. A Bíblia ensina que um crente não deve colocar-se em jugo desigual com um incrédulo. Entretanto, é um erro pensar que, ao se casar com uma pessoa cristã, todos os problemas estarão solucionados. Alguns casamentos de pessoas que conheço, e que não creem em Jesus como Salvador, são melhores do que o de alguns "cristãos". O fato de ambos crerem em Jesus Cristo não assegura que o casamento será um "mar de rosas". Não me entendam mal! Precisamos compreender que além deste pré-requisito principal há outros importantíssimos. Compreender as diferenças de personalidade, sistemas de valores, pontos fracos e fortes e interesses da outra pessoa são alguns deles. Às vezes, ambos são cristãos, mas a base do casamento foi a atração física. Sendo assim, a paixão romântica manipulou as emoções, resultando em decisões precipitadas. A paixão dura pouco tempo, e, quando as desilusões surpreendem o casal, criam frustrações e desânimos que podem ser a fonte de muitas irritações e brigas.

Em nosso casamento não haverá discórdias e brigas, como tem acontecido com nossos pais. Após uma de minhas aulas para jovens em um dos seminários que realizei, uma noiva, prestes a se casar, disse com certo orgulho:

— Jaime, quero que você saiba que durante nosso namoro e noivado nunca discutimos ou brigamos.

— É mesmo? – respondi.

— Sim, nunca brigamos. Não é maravilhoso, pastor Jaime?

Eu não queria tirar a alegria daquela moça, mas pensei cá com os meus botões: "Será que eles têm um relacionamento profundo? Será que não vão se decepcionar logo após o casamento?". A verdade é que, mais cedo ou mais tarde, mesmo que tenham um bom nível espiritual, as pessoas terão alguma discórdia. Esse é um dos processos para alcançar maturidade e aprofundar o relacionamento. Como seria monótono e triste o casamento se não houvesse alguma diferença de opinião, sentimentos ou ideias. Conflitos fazem parte de um relacionamento profundo. O importante é saber como resolvê-los.

Imaginemos um casal em que a esposa vem de uma família que não tinha costume de gritar ou levantar a voz. E o marido vem de uma família explosiva, na qual quem gritasse mais conseguia fazer prevalecer seu ponto de vista.

Quando ocorrer um desentendimento entre eles, a confusão vai reinar no lar. Por quê? Porque cada cônjuge interpretou reações e ações conforme experiências e costumes da sua casa. Os conflitos não são necessariamente negativos. Eles podem ser construtivos. Por isso é bom que o casal saiba que conflitos surgirão e é necessário estar preparado para lidar com eles de maneira correta.

Ele vai liderar o culto doméstico todos os dias. O conceito que a esposa tem de um "líder espiritual" pode ser bem diferente do conceito que o marido tem. Esposas casadas há poucos anos têm confessado: "Antes de casar, nós líamos a Bíblia e orávamos juntos. Semelhante ao que meu pai sempre fazia em casa. Mas agora...".

A Bíblia diz que o marido deve liderar o seu lar. Isso significa que, entre outras coisas, ele deve suprir as necessidades materiais da sua família, cuidar do ambiente emocional do seu lar e ter uma vida exemplar. Se o marido se esforça e consegue cumprir seus deveres, ele se dá por satisfeito. A esposa, porém, por causa da formação que recebeu, pode entender que o bom líder espiritual é aquele que faz cultos domésticos todos os dias. Mas seu marido não consegue entender as expectativas dela. É claro que haverá expectativas frustradas.

Ela será como a minha mãe — uma mulher virtuosa! Certamente ser como a mulher virtuosa descrita em Provérbios 31.10-31 é um lindo alvo para toda mulher. Mas se o marido exigir isso da esposa ela poderá ficar frustrada e desanimada. Alcançar esse tipo de maturidade demanda tempo, esforço, e é preciso muito encorajamento e paciência por parte do marido.

O marido que espera que sua jovem esposa cozinhe como a mamãe ou como a vovó cozinhavam deve se preparar para uma surpresa. Como sua esposa vai poder concorrer com alguém com vinte ou trinta anos de experiência?

Nosso relacionamento sexual será sempre romântico e cheio de prazer! Concordo que o relacionamento físico deve ser romântico não somente nos primeiros anos de casamento, mas também depois de vinte anos de convivência. Na prática, entretanto, nem sempre é assim. Os filmes, as revistas e outros meios de comunicação apresentam o sexo como uma forma de satisfação e prazer sem a exigência de um compromisso. O relacionamento sexual, entretanto, requer compromisso e tempo de aprendizagem. A esse propósito, recomendo o livro *O ato conjugal*, de Tim e Beverly LaHaye. Ele nos mostra alguns problemas e como eles podem ser solucionados.

O sexo não pode ser separado das outras áreas do casamento. Se há problemas não resolvidos (com sogros, filhos, dinheiro etc.), a pessoa não pode esperar que a "experiência da cama" seja uma maravilha. A relação física começa pela manhã, quando o marido se despede da esposa com um beijo. As tensões surgem quando o casal não reconhece que o sexo, além de ser uma experiência física, é uma experiência mental, emocional e espiritual. Sabendo de antemão que os problemas vão surgir, é preciso estar preparado(a) para resolvê-los. A possibilidade de ter um casamento feliz ou infeliz vai depender muito disso, também.

Passaremos todo o nosso tempo de lazer juntos tendo os mesmos interesses, *hobbies* e atividades esportivas. Aparentemente, o ideal seria que o casal tivesse os mesmos interesses e *hobbies* e gostasse de praticar os mesmos esportes. Mas a realidade não é essa. Minha esposa e eu jogamos tênis juntos. Gostamos de natação. Por outro lado, eu gosto de voleibol, e ela não. Temos alguns interesses diferentes, e isso é totalmente normal e admissível. É importante que o marido pratique algum esporte com outros homens e que a esposa desenvolva atividades com outras senhoras. Não há nada de errado em passar algum tempo separados. De vez em quando, isso é até bom para desenvolverem maior apreciação um pelo outro.

Todos os noivos se casam com expectativas quanto ao casamento. Algumas são conscientes e outras não. As inconscientes permanecem latentes e as pessoas não percebem que elas criam frustrações, ansiedades e insatisfações no casamento.

Que essas considerações possam ajudar a desfazer as expectativas irreais que provocam muita desilusão e descontentamento nos primeiros anos de vida em comum de um casal.

Apresento a seguir uma avaliação para ser feita no aconselhamento pré-nupcial. Cada parceiro deve fazer a avaliação individualmente e depois comparar suas respostas na presença do pastor ou conselheiro.

Mesmo se não houver um conselheiro à disposição, os noivos poderão fazer as avaliações deste livro e depois analisar juntos, conversando abertamente sobre as questões em que apresentam diferenças de opinião.

A avaliação se divide nas seguintes áreas:

Perguntas 1-10 — papel do marido e da esposa
Perguntas 11-15 — amor
Perguntas 16-20 — comunicação
Perguntas 21-25 — resolvendo conflitos
Perguntas 26-30 — sexo
Perguntas 31-35 — finanças
Perguntas 36-40 — sogros
Perguntas 41-45 — filhos
Perguntas 46-50 — vida espiritual

O QUE ESPERO NO CASAMENTO

Circule o número que mais se aproxima da sua resposta:
- (1) concordo plenamente
- (2) concordo em parte
- (3) não sei
- (4) discordo em parte
- (5) discordo plenamente

NOIVA / **NOIVO**

NOIVA		NOIVO
1 2 3 4 5	1. O marido é o cabeça do lar.	1 2 3 4 5
1 2 3 4 5	2. A esposa sempre deve ser submissa ao marido.	1 2 3 4 5
1 2 3 4 5	3. O marido deve ajudar regularmente nos afazeres do lar.	1 2 3 4 5
1 2 3 4 5	4. A esposa deve sempre cozinhar.	1 2 3 4 5
1 2 3 4 5	5. O marido é responsável pelo culto doméstico diário.	1 2 3 4 5
1 2 3 4 5	6. A esposa não deve trabalhar fora.	1 2 3 4 5
1 2 3 4 5	7. As decisões mais importantes devem sempre ser tomadas pelo marido.	1 2 3 4 5
1 2 3 4 5	8. É a esposa que decide onde passar as férias.	1 2 3 4 5

NOIVA		NOIVO
①②③④⑤	9. O marido deve ser babá pelo menos uma noite por semana, dando, assim, oportunidade para a esposa fazer o que quiser.	①②③④⑤
①②③④⑤	10. A esposa que tem um talento especial deve seguir carreira.	①②③④⑤
①②③④⑤	11. Amar é nunca ter de pedir perdão.	①②③④⑤
①②③④⑤	12. O amor deve ser expresso semanalmente, através de pequenos atos de bondade (fazer a torta que ele mais gosta, levar flores para ela).	①②③④⑤
①②③④⑤	13. O marido sempre deve lembrar de datas especiais (aniversário, Dia das Mães etc.).	①②③④⑤
①②③④⑤	14. A maior expressão de amor entre marido e esposa acontece no ato sexual.	①②③④⑤
①②③④⑤	15. O casal deve passar o tempo de lazer em atividades conjuntas.	①②③④⑤
①②③④⑤	16. É certo distorcer a verdade para evitar aborrecimentos no lar.	①②③④⑤
①②③④⑤	17. Há certos assuntos sobre o casamento que o casal não deve discutir.	①②③④⑤
①②③④⑤	18. Todo casal deve ter amigos com quem possa conversar.	①②③④⑤
①②③④⑤	19. Discussões fazem parte do casamento.	①②③④⑤
①②③④⑤	20. Somente sentimentos positivos devem ser expressos no casamento.	①②③④⑤
①②③④⑤	21. Quando meu parceiro faz algo de que eu não gosto, devo falar com ele a esse respeito e procurar mudá-lo.	①②③④⑤
①②③④⑤	22. A Bíblia ensina que o marido é o cabeça do lar. Portanto, deve exigir obediência de sua esposa.	①②③④⑤

NOIVA   **NOIVO**

1 2 3 4 5   23. A atitude mais sábia a tomar quando surge uma discussão é permanecer em silêncio ou sair da sala.   1 2 3 4 5

1 2 3 4 5   24. Quando um casal está em conflito, a melhor solução é orar junto sobre as diferenças de opiniões.   1 2 3 4 5

1 2 3 4 5   25. A melhor maneira de resolver um conflito é "entregar os pontos".   1 2 3 4 5

1 2 3 4 5   26. O ato sexual no casamento serve apenas para a procriação.   1 2 3 4 5

1 2 3 4 5   27. É correto a esposa iniciar as carícias no ato sexual.   1 2 3 4 5

1 2 3 4 5   28. O casal deve conversar abertamente sobre o relacionamento físico.   1 2 3 4 5

1 2 3 4 5   29. A esposa deve estar disposta a manter relacionamento físico quando o marido quiser.   1 2 3 4 5

1 2 3 4 5   30. A esposa invariavelmente deve experimentar um orgasmo no ato sexual.   1 2 3 4 5

1 2 3 4 5   31. Se a esposa trabalha fora, o casal deve ter contas bancárias separadas.   1 2 3 4 5

1 2 3 4 5   32. O dinheiro que a esposa ganha é dela.   1 2 3 4 5

1 2 3 4 5   33. É absolutamente necessária a elaboração de um orçamento familiar.   1 2 3 4 5

1 2 3 4 5   34. O marido e a esposa devem planejar juntos o orçamento familiar.   1 2 3 4 5

1 2 3 4 5   35. O marido deve dar à esposa uma mesada para que ela possa fazer as compras da casa.   1 2 3 4 5

1 2 3 4 5   36. Não há problema os filhos morarem com os pais (sogros) nos dois primeiros anos de casado, enquanto o casal se equilibra financeiramente.   1 2 3 4 5

NOIVA		NOIVO

|1|2|3|4|5| 37. É importante o casal almoçar na casa dos pais (sogros) sempre que for convidado. |1|2|3|4|5|

|1|2|3|4|5| 38. O casal nunca deve usar os pais (sogros) para serem babás dos seus filhos. |1|2|3|4|5|

|1|2|3|4|5| 39. Os filhos devem aceitar seus pais (sogros) como são e não tentar mudá-los. |1|2|3|4|5|

|1|2|3|4|5| 40. O parceiro nunca deve colocar alguém de sua família como um modelo para o cônjuge. |1|2|3|4|5|

|1|2|3|4|5| 41. Uma família grande, com pelo menos cinco filhos, é melhor. |1|2|3|4|5|

|1|2|3|4|5| 42. É melhor ter filhos só depois de três anos de casado. |1|2|3|4|5|

|1|2|3|4|5| 43. O pai é responsável pela disciplina dos filhos. |1|2|3|4|5|

|1|2|3|4|5| 44. Os filhos sempre devem ser o centro das atenções. |1|2|3|4|5|

|1|2|3|4|5| 45. Os filhos se desenvolvem melhor no lar em que os pais são rígidos na disciplina. |1|2|3|4|5|

|1|2|3|4|5| 46. É absolutamente essencial casar com uma pessoa que tem Jesus Cristo como Senhor e Salvador da sua vida. |1|2|3|4|5|

|1|2|3|4|5| 47. É vital os cônjuges orarem juntos regularmente. |1|2|3|4|5|

|1|2|3|4|5| 48. O casal deve desenvolver o hábito de ler a Palavra de Deus diariamente. |1|2|3|4|5|

|1|2|3|4|5| 49. O marido deve decidir qual igreja a família vai frequentar. |1|2|3|4|5|

|1|2|3|4|5| 50. Os dois devem se envolver nos ministérios da Igreja (ser professor(a) da escola dominical, cantar no coro etc. |1|2|3|4|5|

Recomendo os livros abaixo para você se aprofundar na temática do papel do marido e da esposa:

BRANDT, Henry. *O segredo de um casamento feliz*. São Paulo: Mundo Cristão. Ler caps. 5-7, p. 67-101.

CHRISTENSON, Larry. *A família do cristão*. Belo horizonte: Betânia, 1996. Ler caps. 1-2, p. 17-54.

KEMP, Jaime. *Sua família pode ser melhor*. São Paulo: Editora Vencedores por Cristo, 1986. Ler o caps. 2-7, p. 23-75.

6
Amor ou paixão romântica

Você ama seu noivo(a)?

Quando diz: "Querido(a), eu te amo!", o que você quer dizer com isso? O que é amor, na verdade? Quais são as suas qualidades?

Se você pedisse a dez pessoas uma definição de amor, cada uma o definiria de modo diferente. É quase impossível, em uma frase, descrever adequadamente esse sentimento. Para alguns, amor significa sexo, isto é, passar uma noite na cama com o(a) namorado(a). Para outros, amor é romantismo, presentes, poesia, enlevo, música, emoção. Há também aqueles que usam o termo para expressar qualquer apreciação: "Amo sorvete de chocolate"; "Amo meu cachorrinho"; "Amo o Brasil".

Na realidade, há vários tipos de amor. Na antiguidade, os gregos usavam pelo menos três palavras para identificar o tipo de amor a que estavam se referindo. A primeira palavra é *eros*, que se refere ao amor sexual. Ela descreve os sentimentos eróticos entre homem e mulher. Daí vem a palavra *erotismo*. No plano de Deus, esses sentimentos devem ser expressos no casamento.

O segundo tipo de amor é chamado *phileo* e descreve o amor entre pais e filhos e entre irmãos. É o amor fraternal, de amizade, camaradagem e comunicação. Esse amor é importante no relacionamento conjugal e se desenvolve com o tempo.

O terceiro tipo de amor é o mais profundo e o mais sublime de todos. É o amor *ágape*. Esse amor caracteriza Deus. É o amor mencionado por Jesus em João 3.16: "Porque Deus amou ao mundo de tal maneira que deu...". E o amor que encontramos em 1Coríntios 13.4-7. Nesse trecho, o apóstolo Paulo lista quinze qualidades do amor. Um casamento fundamentado no amor ágape pode sobreviver a qualquer tempestade ou crise que a vida traz. Por quê? Porque está ligado à fonte eterna e poderosa.

A Palavra de Deus nos diz que o amor nunca acaba. Não importa quão desagradável a pessoa possa ser. Não importam as circunstâncias, as crises financeiras, as dificuldades. Esse amor vence tudo por causa das suas qualidades intrínsecas.

É UM AMOR PROPOSITAL

"Com amor eterno eu te amei; por isso, com benignidade te atraí" (Jr 31.3). Deus sempre nos amou. Ele não foi manipulado. Não havia nada na humanidade que motivasse Deus a amar você. A Bíblia diz que nós andávamos desgarrados como ovelhas, cada um se desviava pelo caminho. O coração do homem é desesperadamente corrupto, mas, mesmo assim, Deus escolheu nos amar. Quando surge um conflito ou uma crise na sua vida conjugal, é este amor proposital que vai firmar como uma rocha o seu casamento.

É UMA EXPERIÊNCIA DE APRENDIZAGEM

O mundo nos comunica, de diversas maneiras, que o amor é um sentimento muito fácil de entender, que ele acontece naturalmente e sem qualquer esforço. Mas o fato é que o amor ágape precisa ser aprendido. Assim, as crises e os conflitos no casamento se tornam uma experiência valiosa para se aprender esse tipo de amor.

Há 39 anos, do altar da igreja, eu vi minha "pequena" vestida toda de branco, caminhando em minha direção. Naquela hora, pensei: "Como eu amo a Judy!". E, sem dúvida, eu a amava. Mas agora eu a amo pelo menos 39 vezes mais. Meu amor era imaturo, porém cresceu e amadureceu à medida que fui conhecendo melhor minha esposa. Através das experiências da vida, fui aprendendo a amá-la, e hoje posso dizer que a amo muito mais. O fato é que essa aprendizagem exige muito esforço. O problema de muitos casais é a indisposição para aprender a amar. Não estão dispostos a demonstrar o amor de maneiras práticas.

Todos precisamos aprender a amar. O amor exige conhecimento. Você está disposto(a) a conhecer sua(seu) noiva(o) para poder amá-la(o) mais?

É UM AMOR SACRIFICIAL

Todos querem receber amor, mas quantos estão dispostos a amar de uma maneira sacrificial? Foi esse o amor que Deus demonstrou na cruz. Ele entregou seu maior tesouro: seu único Filho, Jesus; tanto na vida quanto na morte, demonstrou como entregar. Isso significa que precisamos aprender a nos doar. Muitas vezes precisaremos sacrificar nossos próprios planos e interesses pelo bem-estar do cônjuge. Muitos jovens me perguntam: "Pastor Jaime, como posso ser feliz no casamento?". E eu respondo: "Não procure ser feliz, mas se esforce para fazer seu cônjuge feliz e você, como consequência, experimentará a felicidade".

Noivos e noivas, o amor ágape é uma entrega diária. Sem o amor sacrificial, não existe a possibilidade de um casamento feliz.

AMA SEM SER AMADO

Ninguém jamais tomou a iniciativa de amar a Deus. A Bíblia diz que ele nos amou primeiro. Quantos maridos e esposas dizem: "Eu amo se..."; "Se ela ou ele fizer isso e aquilo, então eu a(o) amarei".

O amor ágape, porém, não estabelece condições. Ele nos aceita como somos, e não como gostaria que fôssemos. Ele não nos manipula como objetos. É ele quem supera desentendimentos, crises financeiras, dificuldades com os sogros etc.

Não importa a situação do seu noivado ou casamento. O caminho do amor ágape precisa ser trilhado tanto por aqueles que são noivos ou recém-casados quanto por aqueles que têm filhos e netos.

FAÇA UMA AVALIAÇÃO DO SEU AMOR À LUZ DE 1CORÍNTIOS 13.

Circule o número que o(a) descreve melhor e a(o) sua parceira(o) considerando 1 como muito fraco e 5 como muito forte. Comparem as respostas e expliquem a razão.

1CORÍNTIOS 13.4-7

1. O amor é paciente
Esse amor não tem "pavio curto"; não fica zangado ou irritado facilmente. Nunca levanta a voz ou perde a calma. Ele está pronto a suportar os maus-tratos. Esse amor sabe esperar o tempo certo para agir ou reagir.

Eu [1] [2] [3] [4] [5]   Ele(a) [1] [2] [3] [4] [5]

2. O amor é benigno
Esse amor é muito criativo. Ele demonstra consideração às pessoas mais próximas. Procura elogiar em vez de criticar. Dedica tempo aos amigos através de atos de bondade. Ele procura o melhor no relacionamento com os outros. Sempre sabe ver algo positivo nas pessoas.

Eu [1] [2] [3] [4] [5]   Ele(a) [1] [2] [3] [4] [5]

3. O amor não arde em ciúmes
Ele não sente ciúmes quando outros são promovidos, tampouco fica inseguro diante de pessoas mais capacitadas e mais atraentes. E não se aborrece quando não recebe atenção especial.

Eu [1] [2] [3] [4] [5]   Ele(a) [1] [2] [3] [4] [5]

4. O amor não se ufana
Ele não procura ser o centro das atenções nas conversas. Não se gaba das suas habilidades, não é ostensivo.

Eu ⬜1⬜2⬜3⬜4⬜5 Ele(a) ⬜1⬜2⬜3⬜4⬜5

5. O amor não se ensoberbece
Não procura obter fama; não precisa ser bajulado para fazer o que é sua responsabilidade. Não desvia a conversa para atrair atenção para si mesmo. Não é arrogante nem orgulhoso.

Eu ⬜1⬜2⬜3⬜4⬜5 Ele(a) ⬜1⬜2⬜3⬜4⬜5

6. O amor não se conduz inconvenientemente
Não é grosseiro, sarcástico ou cínico. Ele tem boas maneiras. Respeita os outros e demonstra cortesia. É discreto e sabe a maneira correta de tratar pessoas em qualquer situação.

Eu ⬜1⬜2⬜3⬜4⬜5 Ele(a) ⬜1⬜2⬜3⬜4⬜5

7. O amor não procura seus interesses
Esse amor não é autocentralizado, mas "outrocentralizado". Quer dizer, ele se considera menos importante e procura saber os interesses dos outros e como podem ser satisfeitos. Não é possessivo com aqueles que ama, insistindo na sua própria vontade ou direitos. Não tem alvos egoístas.

Eu ⬜1⬜2⬜3⬜4⬜5 Ele(a) ⬜1⬜2⬜3⬜4⬜5

8. O amor não se exaspera
Esse amor não é melindroso, defensivo ou supersensível. Não fica machucado ou ofendido por coisas mínimas. Não se irrita ou fica amargurado facilmente.

Eu ⬜1⬜2⬜3⬜4⬜5 Ele(a) ⬜1⬜2⬜3⬜4⬜5

9. O amor não se ressente do mal

Ele possui grande capacidade para perdoar alguém que o ofendeu. Esse amor não guarda uma lista de ofensas cometidas contra ele. Não se vinga nem se defende quando é criticado ou acusado.

Eu ⬚1 ⬚2 ⬚3 ⬚4 ⬚5   Ele(a) ⬚1 ⬚2 ⬚3 ⬚4 ⬚5

10. O amor não se alegra com a injustiça

Esse amor não se regozija secretamente quando os outros falham. Ele não aproveita a falha dos outros para se promover. Não faz comparações para justificar a sua própria fraqueza.

Eu ⬚1 ⬚2 ⬚3 ⬚4 ⬚5   Ele(a) ⬚1 ⬚2 ⬚3 ⬚4 ⬚5

11. O amor se regozija com a verdade

Esse amor se alegra muito quando a justiça reina, mesmo que outra pessoa receba o elogio que ele mesmo merecia. Ele sempre procura saber a verdade diretamente da própria pessoa, e não através de outros.

Eu ⬚1 ⬚2 ⬚3 ⬚4 ⬚5   Ele(a) ⬚1 ⬚2 ⬚3 ⬚4 ⬚5

12. O amor tudo sofre

Esse amor é capaz de viver em harmonia com as incoerências e inconstâncias dos outros. Ele pode suportar qualquer tipo de provação ou angústia; consegue entender as fraquezas dos outros.

Eu ⬚1 ⬚2 ⬚3 ⬚4 ⬚5   Ele(a) ⬚1 ⬚2 ⬚3 ⬚4 ⬚5

13. O amor tudo crê

Está pronto a pensar o melhor sobre uma pessoa e não procura uma razão para colocar em dúvida a integridade de alguém. Ele crê no outro e no seu valor diante de Deus.

Eu ⬚1 ⬚2 ⬚3 ⬚4 ⬚5   Ele(a) ⬚1 ⬚2 ⬚3 ⬚4 ⬚5

14. O amor tudo espera

Esse amor crê que Deus está agindo na vida da outra pessoa. Por isso espera que o melhor acontecerá a ela. Ele crê que Deus é capaz de escolher a pessoa certa para o casamento, porque o futuro está nas suas mãos. Sempre tem esperança e nunca desanima.

Eu ①②③④⑤   Ele(a) ①②③④⑤

15. O amor tudo suporta

Não há nada que esse amor não possa suportar. Ele não fica desanimado nem triste. É perseverante. Consegue amar sem ser amado e prevalecer contra todos os obstáculos.

Eu ①②③④⑤   Ele(a) ①②③④⑤

Recomendo os livros abaixo para você se aprofundar na temática do amor:

DOBSON, James. *O que as esposas desejam que seus maridos saibam a respeito das mulheres*. São Paulo: Editora Vida, 1996. Ler caps. 5, p. 63-112.

DRESCHER, John. *Ensina-me sobre o amor*. São Paulo: Mundo Cristão, 1995.

KEMP, Jaime. *Sua família pode ser melhor*. São Paulo: Editora Vencedores por Cristo, 1986. Ler o cap. 3, p. 37-44.

PALAU, Luis. *Com quem vou me casar?* São Paulo: Mundo Cristão, 2002.

TROBISCH, Walter. *Amor, sentimento a ser aprendido*. São Paulo: ABU, 1989.

7
Comunicação

A comunicação, sem dúvida, é o centro de todo relacionamento. Nunca é demais frisar a importância de uma boa comunicação. Ela é a chave para o desenvolvimento de um relacionamento saudável entre marido e mulher.

Existem várias diferenças entre um casal feliz e um infeliz. Essa diferença se baseia no fato de o casal saber se comunicar ou não.

A Palavra de Deus nos diz em Provérbios 18.21: "A morte e a vida estão no poder da língua; o que bem a utiliza come do seu fruto". Vida ou morte, felicidade ou infelicidade. Tudo isso depende de sua disposição e capacidade de comunicar-se.

Mas o que é comunicação? "Comunicação é o processo verbal ou não verbal de transmitir uma informação a outra pessoa de maneira que ela entenda o que está sendo dito."

Comunicação é uma arte. Gastamos a vida inteira para aprender a ser eficientes nessa arte. Através do trabalho de aconselhamento que venho desenvolvendo com casais, creio que posso dizer, sem dúvida alguma, que uma das necessidades mais prementes da família é aprender a comunicar-se.

QUAL É SEU NÍVEL DE COMUNICAÇÃO?

Há pelo menos cinco níveis de comunicação. Todo casal que quer ser feliz no casamento deve estar comprometido a aprofundar seu relacionamento até chegar ao nível mais elevado. Ao tomar conhecimento deles, avalie em que nível você está no seu relacionamento familiar.

Nível cinco — *conversa superficial*: É uma comunicação do tipo que oferece uma impressão de segurança. A pessoa usa expressões como "Bom dia", "Como vai você?", "Gostou do jogo de domingo?", "Será que vai chover hoje?", permanecendo segura atrás da sua máscara. Por incrível que pareça, há muitos relacionamentos familiares em que os membros estão se comunicando apenas neste nível. Certamente, quando Deus criou o homem e a mulher para serem companheiros, concebeu uma ideia de profunda comunicação entre ambos, e não de conversa superficial.

Nível quatro — *relato dos fatos*: Neste nível, o casal está satisfeito em simplesmente relatar fatos sobre os outros; reportar o que outras pessoas disseram. Não é feito qualquer comentário substancial. O indivíduo não se expõe, não permite que ninguém conheça o que pensa e sente. A comunicação é muito limitada, resumindo-se à superficialidade: "O dia está chuvoso, não se esqueça do guarda-chuva". Não há possibilidade de sucesso em um casamento no qual um não se abre ao outro.

Nível três — *verbalização de ideias e julgamentos*: Aqui o indivíduo começa a relatar suas ideias e pensamentos. Este é o início de uma comunicação real. A pessoa está disposta a correr o risco de expor suas ideias e soluções próprias. Se você está se comunicando neste nível, há esperança de aprofundar sua intimidade ainda mais.

Nível dois — *verbalização de sentimentos e emoções*: É uma comunicação total. A pessoa está disposta a compartilhar seus sentimentos, ideias e pensamentos. A comunicação é baseada na honestidade e na abertura completa. É difícil atingir tal nível entre marido e esposa porque ambos correm o risco de serem rejeitados ou criticados. É ameaçador para os cônjuges compartilhar o seu íntimo. Entretanto, se você quer um casamento pleno e realizado, isso é vital.

Nível um – *revelação de necessidades pessoais e emocionais*: "Preciso que você me abrace por alguns minutos". Para alcançar esse nível de intimidade verbal é preciso que nos sintamos seguros no relacionamento.

Como já citei, muitas famílias infelizmente estão se comunicando nos níveis cinco, quatro e três. Eu hesito em usar a palavra comunicação nesses níveis porque, na verdade, ela não passa de uma conversa superficial na qual não há abertura e profundidade no relacionamento. Por que muitos casais e famílias não se comunicam mais profundamente? A meu ver, existem algumas razões: há pessoas que simplesmente não sabem conversar. Elas nunca aprenderam a se comunicar abertamente e têm dificuldades até mesmo em formar frases. Outras têm medo de expor o que pensam e sentem. Elas não querem correr o risco de se ofender, se alguém discordar delas. Às vezes, há pessoas que tomam a seguinte atitude: falar não vai resolver nada, então é melhor ficar calada e deixar a comunicação de lado.

A inferioridade é outro problema que interfere na comunicação. A pessoa pensa que não tem nada a oferecer. Pensa que suas ideias não têm valor. Tem uma autoimagem muito baixa e, como resultado, evita fazer comentários ou expressar seus sentimentos.

Além dessas razões, existem problemas que podem atrapalhar uma boa comunicação, especialmente no meio familiar: lágrimas (geralmente é a mulher que chora); gritos (quanto mais alta a voz, menor a comunicação); atos de violência (bater um no outro, torcer o braço, paneladas na cabeça, pratos voando pela sala, marteladas na janela etc.); silêncio (esse é o método predileto dos casais; ambos se recusam a expressar seus sentimentos e usam o silêncio como arma contra seu cônjuge); e caretas (parece muito infantil para um casal de quarenta anos, quando irritado ou zangado, fazer caretas um para o outro. Mas, na realidade, essa é a única maneira que muitos casais acham para se comunicar na hora da briga).

Note bem: lágrimas, gritos, atos de violência, silêncio ou caretas — todas essas demonstrações físicas — são, até certo ponto, uma tentativa de se comunicar, mas totalmente ineficaz. O casal que está se empenhando em atingir um nível mais profundo em sua comunicação precisa deixar essas manias infantis e aprender a se expressar de modo mais adulto e maduro.

CONCEITOS BÍBLICOS SOBRE COMUNICAÇÃO

Deus é o melhor comunicador. Sua Palavra nos diz que ele "se fez carne e habitou entre nós, cheio de graça e de verdade". Deus, na pessoa de seu Filho Jesus, se tornou carne para transmitir ao homem o seu grande amor. Através das Escrituras ele nos revela muitos conceitos na área da comunicação. Escolhi dez princípios que penso serem os mais importantes para uma melhoria da comunicação no lar.

1. Comunicação é sempre uma via de duas mãos. Uma das melhores maneiras de fortalecer sua comunicação é desenvolver a habilidade de ouvir o seu cônjuge com interesse. Dê-lhe sua atenção completa, inclusive com os olhos e as expressões faciais. Quando você concentra sua atenção, mostra que está não somente escutando com os ouvidos, mas com o coração. Desse modo, você poderá identificar-se com o que a outra pessoa está sentindo ou experimentando. Isso demonstra amor e preocupação da sua parte. O apóstolo Tiago fala sobre esse tipo de comunicação: "Todo homem, pois, seja pronto para ouvir, tardio para falar, tardio para se irar" (Tg 1.19). O grande sábio Salomão expressou o mesmo pensamento de outra maneira: "Responder antes de ouvir é estultícia e vergonha" (Pv 18.13).

Quando sua esposa ou marido fala com você, certamente você ouve. Mas será que realmente lhe dá atenção? Amar é ser capaz de parar aquilo que você está fazendo, olhar para seu cônjuge e dar ouvidos e atenção enquanto ele fala. É uma arte a ser aprendida. Infelizmente, inúmeras vezes a comunicação é prejudicada porque não sabemos ouvir, ou pelo menos não sabemos fazer com que o outro saiba que realmente está sendo ouvido.

2. Escolha o tempo certo para se comunicar. O apóstolo Paulo sugere esta ideia quando afirma: "Irai-vos e não pequeis; não se ponha o sol sobre a vossa ira" (Ef 4.26).

Creio que Paulo está simplesmente dizendo: não deixe a ira se acumular dia após dia, sem acertar as contas. Ele está sugerindo que é possível discutirmos; mas que não devemos dormir sem ter resolvido o mal-entendido ou alguma discórdia que nos deixou magoados.

Cinco sugestões que funcionam na escolha do tempo certo:

a) Eu e minha esposa chegamos à conclusão de que, para nós, é melhor não tentar resolver problemas ou fazer decisões depois das dez horas da noite. Nossa tendência, quando estamos fisicamente cansados, é reagir negativamente a qualquer discussão. Por outro lado, na medida do possível, procuramos acertar qualquer desentendimento que houve naquele dia.

b) Não brigue ou discuta na frente dos seus filhos. Se há um fator que provoca insegurança e medo no coração da criança é ter de presenciar uma briga entre seus pais.

c) Não brigue em público. Discussões familiares devem ser resolvidas somente entre a família. Como é fácil machucar seu cônjuge usando cinismo, indiretas ou palavras ásperas. Pior ainda é proceder dessa maneira publicamente.

d) Não procure resolver problemas ou tratar de assuntos sérios quando um dos dois está envolvido em alguma atividade. Esposa, por favor, não tente conversar com seu marido durante um jogo da seleção brasileira na Copa do Mundo. Minha esposa e minhas filhas já aprenderam que devem falar comigo somente em casos de emergência na hora do jogo. Marido, quando sua esposa está enfrentando uma pia cheia de louça suja, depois de ter trabalhado o dia inteiro, não é uma boa hora para tratar de assuntos complicados ou delicados. Talvez essa seja uma oportunidade mais apropriada para você pegar um pano de prato e ajudá-la a enxugar a louça (assim ela poderá abreviar a tarefa e depois vocês poderão conversar à vontade). Essa é uma eficiente expressão de comunicação. Gostou da ideia?

e) Marquem uma hora específica para conversar e sejam fiel àquele compromisso. Sábios são os maridos e as esposas que sabem discernir qual a melhor ocasião e esperar por aquela hora para conversar.

3. Fale sempre a verdade, mas fale com amor. Paulo disse em Colossenses 3.9: "Não mintais uns aos outros". E em Efésios 4.25: "Deixando a mentira, fale cada um a verdade".

Em meu seminário para jovens, enfatizo a importância de se desenvolver a honestidade logo no início do namoro. A tendência humana é não ser honesto. Isso faz parte da nossa natureza pecaminosa. Desafio os jovens a fazerem um compromisso mútuo de honestidade. Não adianta fingir, se na realidade não somos aquilo que queremos demonstrar. Por exemplo: a moça detesta pescar, o rapaz adora. Quando ainda eram namorados, certa vez ele convidou: "Querida, você não gostaria de ir pescar comigo amanhã?". E ela, querendo agradá-lo e mostrar como é genial e esportista, apesar de não gostar de pescaria, diz fingidamente: "Claro, eu adoro pescaria!". Ela acorda às três horas da madrugada — ele prometeu pegá-la às quatro horas — e, enquanto está preparando o lanche para os dois, se recrimina: "Por que aceitei o convite?". Mas, quando o namorado chega, ela dá a impressão de que está vibrando com a "aventura" e disfarça muito bem, fingindo que gosta de lidar com minhocas sujas e peixe, não reclamando do enxame de pernilongos. Então, eles se casam. Alguns meses depois do casamento, ele sugere: "Querida, vamos pescar juntos no sábado?". Ela diz: "Eu não vou, detesto pescar! Se você quiser, vá sozinho!". "Como? Você gostava tanto de pescar comigo quando nós éramos namorados!". Isso é o bastante para começar uma briga...

Essa é a razão pela qual Deus diz que é importante falar a verdade. A sinceridade é um compromisso constante na vida conjugal. No altar você expressa o seu desejo mais profundo de amar, e amor exige honestidade. Você e seu(sua) noivo(a) já assumiram um compromisso de honestidade e autenticidade? É essencial se comprometer a ter esse nível de relacionamento. Vamos deixar de brincadeiras de crianças. Diga-lhe: "Querido(a), quero aprender a ser honesta(o) com você e quero que você seja comigo". Isso será capaz de transformar a comunicação superficial em uma comunicação verdadeira e profunda.

4. Não use o silêncio para frustrar sua(seu) parceira(o). O silêncio, especialmente por parte do marido, representa uma resposta negativa para a esposa. Ou então significa que o que um falou não teve importância alguma para o outro.

Se você hesita em responder, explique com calma o porquê. Quando o silêncio é usado frequentemente no relacionamento conjugal, ele pode ser extremamente frustrante. Às vezes é questão de não saber como se comunicar ou a pessoa é quieta por natureza. Se esse for o caso, o cônjuge precisará de muita paciência.

O problema oposto é quando a pessoa fala demais. A esse respeito, a Bíblia tem muito a dizer, especialmente em Provérbios: "O mexeriqueiro descobre o segredo, mas o fiel de espírito o encobre" (11.13). "O que guarda a boca conserva a sua alma, mas o que muito abre os lábios a si mesmo se arruina"(13.3). "Quem retém as palavras possui o conhecimento [...] até o estulto, quando se cala, é tido por sábio, e o que cerra os lábios, por entendido" (l7.27-28).

Seja no caso do cônjuge silencioso ou do que fala demais, o casal precisa submeter seu problema à obra do Espírito Santo.

5. Não seja precipitado ao responder. Espere até que o cônjuge termine tudo o que queria dizer. Quantas vezes nós pensamos que sabemos o que o outro vai dizer e, sem consideração e educação, o cortamos, não lhe permitindo finalizar seu pensamento. Somente depois descobrimos que nos precipitamos. Seria muito sábio aceitar as palavras de Provérbios 15.28: "O coração do justo medita o que há de responder, mas a boca dos perversos transborda maldades".

6. Não se envolva em rixas. É possível discordar sem causar brigas. Paulo nos diz, em Efésios 4.26: "Irai-vos e não pequeis". Parece-me que ele está dizendo que é possível ficar irado (creio que isso significa uma santa raiva quando a reputação de Deus está em jogo). Ao mesmo tempo, ele diz que a ira não deve nos levar ao pecado. É a ira sem controle que se transforma em pecado. Quantas vezes uma palavra áspera machuca profundamente o espírito de uma pessoa. Veja Provérbios 18.14: "O espírito firme sustém o homem na sua doença, mas o espírito abatido, quem o pode suportar?".

Quando um membro da família ataca outro, está esmagando seu coração. No capítulo 12 deste livro enfatizo a importância de os pais controlarem a vontade egoísta de seus filhos. Entretanto, eles devem tomar cuidado para não abater o espírito da criança. Aqui está uma distinção fundamental. Você já foi esmagado pelas palavras ásperas do seu cônjuge? Esse é um dos pecados mais graves de nossas famílias. Como seria bom se prestássemos mais atenção às palavras de Salomão: "Como o abrir-se da represa, assim é o começo da contenda; desiste, pois, antes que haja rixas" (Provérbios 17.14). E é bom relembrar o que Paulo diz em Efésios 4.31: "Longe de vós, toda a amargura, e cólera, e ira, e gritaria, e blasfêmias, e bem assim toda a malícia".

Amigo, pense se você é capaz de dizer à sua esposa: "Querida, não posso concordar com você a respeito desse assunto. Sei, também, que você não pode concordar comigo. Mas, de agora em diante, seja lá o que for que falarmos, vamos procurar não ferir um ao outro?". E você, esposa, pense se pode dizer a mesma coisa? Se tomássemos essa atitude na comunicação, nosso relacionamento seria bem melhor e muitas brigas seriam evitadas.

7. Não responda com raiva. Use palavras brandas e respostas bondosas. Provérbios 15.1 afirma: "A resposta branda desvia o furor, mas a palavra dura suscita a ira".

Nunca me esquecerei de um encontro que tive com meu amigo Osiander Schaff da Silva. Íamos almoçar juntos. Estacionamos seu carro na rua, mais ou menos a duas quadras do restaurante. Em meio às alegrias do encontro, não percebemos que paramos em frente à entrada de uma garagem. Uma hora e meia depois, quando voltamos para o carro, percebemos o erro que havíamos cometido. Na mesma hora, olhei para a casa e na janela estava alguém que parecia o incrível Hulk. Quando ele nos viu, saiu furioso, gritando, xingando e fazendo ameaças. Olhei para Osiander e disse: "Zi, agora é hora de colocar em prática Provérbios 15.1". Quando ele acabou de xingar todas as mães do Brasil e estava a ponto de nos dar uma surra, nós o olhamos e respondemos: "Erramos. Foi falta de consideração da nossa parte estacionar nosso carro em frente à sua garagem. Queremos que o senhor nos perdoe". De repente, ele se encolheu e, depois de acalmar-se, nos disse: "Ah, não foi nada. Qualquer pessoa poderia ter cometido o mesmo erro". Finalmente, nós nos cumprimentamos e fomos embora. No carro, olhei para Osiander e disse: "Zi, a Palavra de Deus sempre tem razão, não tem?". E ele me respondeu: "Puxa, como tem!".

Responda sempre com palavras brandas e constate como isso transformará sua comunicação com outras pessoas.

8. Evite aborrecer seu cônjuge. "No muito falar não falta transgressão, mas o que modera os lábios é prudente" (Pv 10.19).

Falar demais não modifica a outra pessoa. Em vez de ficar sempre murmurando, criticando e reclamando, procure viver uma vida exemplar, não dando motivo de queixas e reclamações. Principalmente, ore pelo seu cônjuge. Veja Provérbios 21.1: "Como ribeiros de águas assim é o coração do rei na mão do SENHOR; este, segundo o seu querer, o inclina".

Se o coração do homem mais poderoso do reino está nas mãos do Senhor, quanto mais o coração do seu cônjuge. Se quiser insistir, insista com Deus. Garanto que ele não ficará aborrecido.

9. Esteja sempre disposto a repetir três frases essenciais: 1. Eu estava errado; 2. Por favor, perdoe-me; 3. Amo você. Não foi exatamente isso que Paulo falou em Efésios 4.32? "Antes, sede uns para com os outros benignos, compassivos, perdoando-vos uns aos outros, como também Deus, em Cristo, vos perdoou."

Um espírito perdoador é fundamental para um relacionamento profundo.

10. Não culpe ou critique o seu cônjuge. Tome esta atitude: "Eu não criticarei nenhum membro da minha família, mesmo que seja uma crítica justa, sem dar uma solução prática". Por outro lado, sempre procure restaurar, encorajar, edificar. Gálatas 6.1 diz: "Irmãos, se alguém for surpreendido nalguma falta, vós, que sois espirituais, corrigi-o com espírito de brandura; e guarda-te para que não sejas também tentado".

Em toda família existem alguns pontos de vista diferentes, discussões e até brigas. Isso prova que somos pecadores e precisamos depender muito de Deus. Garanto que, se você tentar colocar em prática esses dez princípios de comunicação, sua vida, seu casamento e sua família serão transformados. Você ficará surpreso com aquilo que Deus pode realizar.

COMUNICAÇÃO — AVALIAÇÃO

1. Para mim, comunicação é
   _____
   _____

2. Consigo me comunicar melhor com meu(minha) noivo(a) ou namorada(o) quando
   _____
   _____

3. Tenho dificuldade em me comunicar com ele(a) quando
   _____
   _____

4. Mencione algumas coisas que ele(a) faz que facilitam a comunicação.
   _____
   _____
   _____

5. Mencione algumas coisas que ele(a) faz que dificultam a comunicação.
   _____
   _____
   _____

6. Como comunicadora(o), você se daria a seguinte nota (circule um número)

   péssima ① ② ③ ④ ⑤ ⑥ ⑦ ⑧ ⑨ ⑩ excelente

7. Que nota você lhe daria como comunicador(a) (circule um número):

   péssima ① ② ③ ④ ⑤ ⑥ ⑦ ⑧ ⑨ ⑩ excelente

8. Analisando sua infância e adolescência, sua comunicação com seus pais e irmãos foi (circule um número):

   péssima ① ② ③ ④ ⑤ ⑥ ⑦ ⑧ ⑨ ⑩ excelente

9. Existe qualquer assunto sobre o qual você tem medo de conversar com ele(a)?
   ☐ sim   ☐ não
   Se marcou "sim", você pode dizer o que é?
   _____

10. Como você encara o fato de ter de informar seu(sua) futuro(a) esposo(a) a respeito de seus planos, horários e atividades?
    _____

11. Quando ele(a) está zangado(a) com você, ele(a) lhe diz isso?
    ☐ sim   ☐ não   ☐ às vezes
    ☐ não fala, mas é possível perceber

12. Qual sua reação se ele(a) menciona em público um dos seus pontos fracos?
    _____
    _____
    _____

13. Você tem dificuldade em olhar no rosto dele(a) quando estão conversando?
    ☐ sim   ☐ não   ☐ às vezes

14. Você acha irritante o tom de voz do seu(sua) noivo(a) em determinadas conversas?
    ☐ sim   ☐ não   ☐ às vezes

15. Você hesita em falar a verdade para ele(a) a fim de evitar desagrados ou discussões?
    ☐ sim   ☐ não   ☐ às vezes

16. Ele(a) a(o) aborrece por falar demais?
    ☐ sim   ☐ não   ☐ às vezes

17. Quando há um desentendimento entre vocês, você fica silenciosa(o) para frustá-lo(a)?
    ☐ sim   ☐ não   ☐ às vezes

18. Você tem a tendência de dizer coisas a ele(a) que seria melhor não dizer?
    ☐ sim   ☐ não   ☐ às vezes

19. Quando vocês estão conversando, você procura entender o que ele(a) está dizendo em vez de ficar planejando o que vai responder?
    ☐ sim   ☐ não   ☐ às vezes

20. Você acha que ele(a) entende seus sentimentos e atitudes?
    ☐ sim   ☐ não   ☐ às vezes

21. Ele(a) espera você terminar de falar antes de responder?
    ☐ sim   ☐ não   ☐ às vezes

22. Você mantém uma comunicação aberta sobre seus pensamentos e sentimentos com ele(a)?
    ☐ sim   ☐ não   ☐ às vezes

23. Você acha que ele(a) a(o) critica muito?
    ☐ sim   ☐ não   ☐ às vezes

24. Ele(a) a(o) encoraja quando você está desanimada(o) ou deprimida(o)?
    ☐ sim   ☐ não   ☐ às vezes

25. É mais fácil para você conversar coisas com um amigo(a) íntimo(a) do que com seu(sua) parceiro(a)?
    ☐ sim   ☐ não   ☐ às vezes

26. Vocês já conversaram sobre o que você espera dele(a) em termos do seu papel como marido(esposa)?
    ☐ sim   ☐ não

27. Vocês já conversaram sobre seu ponto de vista em relação às finanças?
    ☐ sim   ☐ não

28. Vocês já conversaram sobre seu futuro relacionamento com os sogros?
    ☐ sim   ☐ não

29. E sobre a educação de filhos?
    ☐ sim   ☐ não

30. E quanto ao relacionamento físico entre vocês?
    ☐ sim   ☐ não

31. Você está satisfeita(o) com o tipo de relacionamento físico que vocês mantêm no namoro ou noivado?
□ sim   □ não
Há algo que precisa ser modificado e acertado nessa área?
_____
_____

32. Você acha que a comunicação de vocês precisa melhorar em que aspectos?
_____
_____

Recomendo os livros abaixo para você se aprofundar na temática da comunicação:

KEMP, Jaime. *Sua família pode ser melhor*. São Paulo: Editora Vencedores por Cristo, 1986. Ler o cap. 8, p. 77-87.

BRANDT, Henry. *O segredo de um casamento feliz*. São Paulo: Mundo Cristão. Ler cap. 8, p. 102-115.

8
Resolvendo conflitos

Não existe um lar isento de conflitos. Eles podem surgir mesmo nos relacionamentos mais maduros e mais profundos. Os conflitos fazem parte da vida. No namoro, noivado ou casamento surgem diferenças e discórdias, mesmo entre os cristãos. Jesus constantemente tinha conflitos com os líderes religiosos do seu tempo. O apóstolo Paulo, durante todo o seu ministério, os enfrentou. O problema não está no conflito em si, mas na maneira como lidamos com ele. Todo casal tem opiniões, ideias e comportamentos diferentes que podem causar desentendimentos, mas o casal de noivos que sabe lidar de maneira cristã com esses impasses já resolveu a metade dos problemas no seu relacionamento conjugal.

Muitos casais se consideram bem-sucedidos por conseguir evitar confrontos. A frase "deixa pra lá" dá a ideia de que o problema não é tão significativo para exigir uma solução. Ou, também, a pessoa envolvida tem medo de criar desavenças ou desentendimentos no relacionamento. Portanto, ao surgirem conflitos, um ou ambos usam um meio de evitar um confronto direto, esperando que o problema desapareça. Ele até pode desaparecer, mas em geral não é isso o que acontece. É inevitável que a pessoa tenha mais abertura, sinceridade, honestidade e coragem para enfrentar e procurar resolver um conflito.

Às vezes, quando há desejo de um ou de ambos resolverem um conflito, o que acontece? O assunto é trazido à tona, mas, em meio à conversa, a mulher começa a chorar, fica em silêncio ou grita. O homem, por sua vez, a ignora, grita, fica emburrado ou perde o controle de si mesmo, expondo sua raiva com agressões físicas. Tudo isso tende a cortar as linhas de comunicação e erguer enormes barreiras entre o casal, impedindo que consigam resolver o conflito. Se você pode aprender o que Salomão ensinou em Provérbios 15.1, estará a caminho de alcançar uma comunicação melhor e obter maior capacitação para resolver os conflitos.

O apóstolo Tiago pergunta: "De onde procedem guerras e contendas que há entre vós? De onde, senão dos prazeres que militam na vossa carne?" (Tg 4.1). Será que o conflito pode ser resolvido sem brigas? Creio que sim. Quando o casal não trata do problema básico que causa o conflito, mas um ataca o outro, às vezes usando palavrões e manifestando com excessos físicos seu desagrado, surgirá uma grande barreira no seu relacionamento. Sua capacidade e disposição para aprender a ser controlado pelo Espírito Santo, mesmo antes do casamento, será uma grande bênção para seu futuro relacionamento. Se, por outro lado, você exige os próprios direitos, ou quer sua vontade satisfeita custe o que custar, então não há possibilidade de resolver os conflitos que virão.

Quero sugerir algumas diretrizes que, talvez, ajude a resolver alguns dos conflitos que venham a surgir na sua vida conjugal.

1. Seja um bom ouvinte e não responda enquanto a outra pessoa não terminar de falar (Tg 1.19; Pv 18.13).
2. Escolha a melhor hora para conversar (Pv 15.23).
3. Procure identificar e definir o problema básico.
4. Defina as áreas de concordância e discordância.
5. Identifique sua contribuição ao problema.

6. Dê algumas sugestões de como você pode mudar seu comportamento para ajudar a resolver o problema.
7. Orem juntos, confessando sua contribuição ao problema e pedindo orientação divina e graça suficiente para operar mudanças na sua vida.

Faça a avaliação a seguir para discernir os problemas que causam conflitos. Cada um deve fazer a avaliação individualmente e depois comparar suas respostas na presença do pastor ou conselheiro.

Não havendo um conselheiro à disposição, os noivos podem fazer a avaliação do mesmo modo, avaliando depois, juntos, e conversando abertamente sobre as questões em que apresentam diferenças de opinião. Lembre-se, honestidade é essencial no preenchimento da avaliação e na sua conversa com o parceiro(a).

RESOLVENDO CONFLITOS — AVALIAÇÃO

1. Como você costuma tratar de um conflito no seu relacionamento?
   - [ ] chorando
   - [ ] gritando
   - [ ] batendo
   - [ ] ficando em silêncio
   - [ ] ficando emburrado(a)
   - [ ] saindo do recinto
   - [ ] ignorando o conflito
   - [ ] expressando seus sentimentos de maneiras desagradáveis
   - [ ] orando
   - [ ] tentando compreender o ponto de vista do outro
   - [ ] compartilhando seus sentimentos de uma maneira calma e honesta
   - [ ] _____

2. Vocês conversam sobre seus desentendimentos?
   ☐ sim ☐ não ☐ às vezes

3. Vocês resolvem seus conflitos de maneira satisfatória?
   ☐ sim ☐ não ☐ às vezes

4. Vocês brigam muito?
   ☐ sim ☐ não ☐ às vezes

5. Você é capaz de discordar dele(a) sem rejeitá-lo(a)?
   ☐ sim ☐ não ☐ às vezes

6. Você é capaz de discordar dele(a) sem perder o controle?
   ☐ sim ☐ não ☐ às vezes

7. Quando surge um conflito entre vocês, você é capaz de conversar sobre o problema com calma?
   ☐ sim ☐ não ☐ às vezes

8. Quando há uma discussão sobre diferenças de opinião, você sempre quer ter a palavra final?
   ☐ sim ☐ não ☐ às vezes

9. Você tem a tendência de sempre ceder numa discussão, usando isso como um meio de solução para o conflito?
   ☐ sim ☐ não ☐ às vezes

10. Você acha que o melhor caminho para resolver conflitos seria fazer concessões?
    ☐ sim ☐ não ☐ às vezes

11. Você é capaz de discernir a razão básica de um conflito entre vocês?
    ☐ sim   ☐ não   ☐ às vezes

12. Você é capaz de identificar como está contribuindo para provocar esse conflito?
    ☐ sim   ☐ não   ☐ às vezes

13. Você é capaz de sugerir algumas maneiras sobre como poderia modificar sua atitude ou comportamento para ajudar a resolver o problema?
    ☐ sim   ☐ não   ☐ às vezes

14. Vocês oram quando há um conflito que não conseguem resolver?
    ☐ sim   ☐ não   ☐ às vezes

15. Você é capaz de perdoar uma ofensa?
    ☐ sim   ☐ não   ☐ às vezes

16. Durante seu período de namoro ou noivado, você já teve de perdoá-lo(a)?
    ☐ sim   ☐ não   ☐ às vezes

17. Você realmente o(a) perdoou?
    ☐ sim   ☐ não

18. Antes do casamento, é preciso resolver os seguintes conflitos:
    _____
    _____
    _____

19. Se vocês tiverem um conflito no casamento difícil de resolver, você estará disposta(o) a procurar um conselheiro para ajudá-los?
☐ sim ☐ não ☐ às vezes

9
Relacionamento sexual

Posso dizer, sem medo de errar, que pelo menos 30% de todos os casos de aconselhamento que oriento têm algo a ver com um desajuste na área sexual. Mesmo vivendo em uma sociedade saturada de sexo, há poucos casais que iniciam a vida conjugal com um conhecimento adequado nessa área. A informação que o jovem recebe através da TV e do rádio, de jornais, revistas e livros, da internet, da escola e de outros meios de comunicação é simplesmente inadequada para, uma vez casado, desfrutar da relação harmoniosamente.

Além disso, os pais, infelizmente, não estão orientando seus filhos a respeito dos propósitos de Deus para o uso da sexualidade. A falta de educação sexual correta leva muitos casais a não ser sinceros sobre as dificuldades que encontram no casamento.

Tenho três objetivos ao escrever este capítulo:

1. Estabelecer os propósitos de Deus, revelados em sua Palavra, em nos ter criado como pessoas sexuais.
2. Tratar de alguns problemas específicos que poderão se encontrados no casamento.
3. Através da avaliação, mostrar quais são os possíveis problemas que existem no relacionamento e desafiar você a conversar sobre eles. Se for possível, compartilhe com um conselheiro.

Quero encorajá-lo(a) a ler cuidadosamente o capítulo com sua Bíblia aberta e depois, separadamente, responder as perguntas da avaliação com toda honestidade. Como já afirmei, vivemos em uma sociedade saturada pelo sexo. As pessoas são bombardeadas com apelos sexuais, através de todos os meios de comunicação. Os comerciais de TV enfatizam o sexo em suas propagandas, bem como revistas, jornais, livros e internet. É difícil para o cristão viver numa sociedade assim sem se contaminar com suas atitudes. A pessoa que professa sua fé em Jesus Cristo fica confusa sobre como reagir e como saber qual é a vontade de Deus para ela. Os jovens estão fazendo perguntas como: "O sexo é sujo e só deve ser praticado para gerar filhos? A relação pré-nupcial não é justificável se me ajuda a entender como meu(minha) namorado(a) se sente em relação a mim?". Às vezes, casais de noivos me perguntam: "Jaime, nós vamos nos casar logo, não seria bom ter relação sexual para aprendermos como amar melhor no casamento?". Jovens namorados raciocinam do seguinte modo: "A relação sexual no namoro é importante porque através dessa intimidade é possível descobrir se existe ou não compatibilidade". Alguns jovens, por sua vez, acham que é errado ter relação sexual pré-conjugal, mas não veem nenhuma razão para não desenvolver certa intimidade física, e até mesmo levar seu parceiro a um clímax sexual. Outros julgam que podem se entregar a fantasias com seu namorado ou sua namorada. E a masturbação, é prejudicial? É contra a Palavra de Deus?

Essas e centenas de outras perguntas estão na mente do jovem adolescente e até de muitos adultos. Há respostas de Deus para essas dúvidas? Será que Deus nos deixou uma orientação sadia a respeito dessa área tão importante da vida? Quero responder de uma maneira categórica: "SIM!". A Bíblia tem muito a dizer sobre sexo! Ela não é um manual de sexo, mas quando aborda o assunto podemos ter a certeza de que é atual e relevante.

Quando Deus criou o homem e a mulher, macho e fêmea, o registro de Gênesis diz: "... eis que era muito bom..." (Gn 1.31). Conforme o desígnio e a sabedoria divina, nossa sexualidade foi estabelecida para a procriação da raça humana no contexto do relacionamento do casamento. A Palavra de Deus nos oferece a melhor perspectiva sobre o sexo. Não é uma perspectiva distorcida e negativa como a filosofia puritana nem como a "nova moralidade", que ignora o padrão de Deus sobre moral e sugere uma "liberdade" completa da expressão dos desejos sexuais. Deus nos criou seres sexuais para o bem-estar do homem e da mulher, e é seu propósito que entendamos o seu plano para nossa vida.

"DEIXAR" PARA "UNIR"

Em Gênesis 2 lemos sobre o primeiro casamento, o de Adão e Eva. No versículo 24, as Escrituras descrevem esse casamento usando duas palavras importantíssimas: "Por isso, deixa o homem pai e mãe e se une à sua mulher, tornando-se os dois uma só carne".

A primeira palavra é *deixa*. O homem deixa emocionalmente de ser filho e se torna marido. Semelhantemente, a mulher deixa emocionalmente de ser filha e assume o papel de esposa. Quando não há esse "abandono" emocional, ocorrem problemas no casamento, especialmente em relação aos sogros. Isso não quer dizer que os filhos não possam ter pelos pais o mesmo sentimento de antes, nem ficar abraçados com eles quando conversam, nem sentir uma alegria infinita quando estão todos juntos. Eles devem deixar sua posição funcional de filhos.

A segunda palavra é *une*. No hebraico significa *cimentar*. O plano original de Deus é que duas pessoas casadas expressem o amor mútuo e desfrutem dele através do ato sexual. O plano de Deus não é separação ou divórcio. O relacionamento é para sempre, até que a morte os separe.

Foi isso que Jesus Cristo quis deixar claro em Mateus 19, quando alguns fariseus lhe perguntaram: "É lícito ao marido repudiar a sua mulher por qualquer motivo?". Naquela ocasião, Jesus respondeu: "Não tendes lido que o Criador, desde o princípio, os fez homem e mulher?". E depois citou a passagem de Gênesis 2: "e que por esta causa deixará o homem pai e mãe e se unirá a sua mulher, tornando-se os dois uma só carne? De modo que já não são mais dois, porém uma só carne. Portanto, o que Deus ajuntou não o separe o homem". Os fariseus não ficaram satisfeitos com a resposta e perguntaram a Jesus: "Por que mandou, então, Moisés dar carta de divórcio e repudiar?". Jesus respondeu: "Por causa da dureza do vosso coração é que Moisés vos permitiu repudiar vossa mulher; entretanto, não foi assim desde o princípio".

No plano de Deus, a separação só deveria ocorrer através da morte. Deus permitiu o divórcio por causa da dureza do coração do povo de Israel, mas esse não era seu plano original e perfeito.

Somente o noivo e a noiva que "deixaram" e "se uniram", tornando-se uma só carne, realmente podem desfrutar, conforme o plano de Deus, do relacionamento sexual.

Em Gênesis 2.25 lemos: "Ora, um e outro, o homem e sua mulher, estavam nus e não se envergonhavam". Essa passagem se refere a um período de inocência. Não havia pecado no mundo. O homem andava em perfeita comunhão com Deus, e assim como com a mulher. Não havia nenhum embaraço ou vergonha no relacionamento físico.

Mas, quando o pecado entrou no mundo, podemos notar o primeiro resultado em Gênesis 3.7: "Abriram-se, então, os olhos de ambos; e, percebendo que estavam nus, coseram folhas de figueira e fizeram cintas para si". Aqui está uma percepção distorcida. O pecado anuviou a capacidade do homem de ver a Deus como ele é, bem como o seu próximo e a si mesmo. E então ele passou a encarar sua sexualidade de maneira diferente.

Quando Adão e Eva ouviram a voz do Senhor Deus, procurando o homem no jardim por volta do meio-dia, esconderam-se da presença do Senhor, que perguntou: "Onde estás?". O homem respondeu: "Ouvi a tua voz no jardim, e, porque estava nu, tive medo, e me escondi". Aqui temos o primeiro registro de medo na Bíblia. Medo de quê? Medo da nudez. Medo porque desobedeceu ao Senhor. Deus perguntou ao homem: "Quem te fez saber que estavas nu?". Desde aquele dia, o sexo tem sido deturpado pela pecaminosidade do homem. Deus criou o sexo puro, uma expressão linda do relacionamento conjugal. Mas o homem — pecador e corrupto — arrastou para a lama dos seus próprios pensamentos e prazeres algo maravilhoso que Deus criou.

Somente quando estudamos a Bíblia é que podemos assimilar e adquirir uma perspectiva divina e voltar a desfrutar dessa parte da criação de Deus.

SEXO — PRIVILÉGIO PARA OS CASADOS

Primeiramente, o sexo é restrito ao relacionamento do casamento. Não posso ser enfático demais neste ponto, porque o jovem cristão é bombardeado diariamente por ideias atraentes e aparentemente lógicas a respeito do sexo pré-nupcial. Também os relacionamentos extraconjugais parecem ser moda nos dias atuais.

O amor exige compromisso, promessa e fidelidade. Essas qualidades estão se desvanecendo em nossa sociedade. Os casais, no altar da igreja, fazem promessas que não pretendem cumprir.

Quando lá no altar você colocar aquela linda aliança no dedo do(a) seu(sua) noivo(a), você estará dizendo: "Querido(a), com esta aliança eu lhe dou todo o meu amor. Prometo ser fiel e você será a única pessoa a quem amarei".

A aliança é também um símbolo, uma lembrança dos votos que vocês farão perante o Senhor e sua Igreja.

A Palavra de Deus é inteiramente transparente e enfática quando diz que o sexo deve ser desfrutado somente por aqueles que "deixaram", "se uniram" e "se tornaram uma só carne". Considere as seguintes passagens:

- Hebreus 13.4: "Digno de honra entre todos seja o matrimônio, bem como o leito sem mácula; porque Deus julgará os impuros e adúlteros";
- 1Tessalonicenses 4.3-7: "Pois esta é a vontade de Deus: a vossa santificação; que vos abstenhais da prostituição; que cada um de vós saiba possuir o próprio corpo em santificação e honra, não com o desejo de lascívia, como os gentios que não conhecem a Deus; e que, nesta matéria, ninguém ofenda nem defraude a seu irmão; porque o Senhor, contra todas estas coisas, como antes vos avisamos e testificamos claramente, é o vingador, porquanto Deus não nos chamou para a impureza, e sim para a santificação";
- 1Coríntios 7.1-5: "Quanto ao que me escrevestes, é bom que o homem não toque em mulher; mas, por causa da impureza, cada um tenha a sua própria esposa, e cada uma, o seu próprio marido. O marido conceda à esposa o que lhe é devido, e também, semelhantemente, a esposa, ao seu marido. A mulher não tem poder sobre o seu próprio corpo, e sim o marido; e também, semelhantemente, o marido não tem poder sobre o seu próprio corpo, e sim a mulher. Não vos priveis um ao outro, salvo talvez por mútuo consentimento, por algum tempo, para vos dedicardes à oração e, novamente, vos ajuntardes, para que Satanás não vos tente por causa da incontinência".

Qualquer outro procedimento é simplesmente uma paixão carnal que Deus nunca poderá abençoar. A prática do sexo extraconjugal só trará problemas, desconfianças, frustrações e infidelidade no casamento.

SEXO — PROCRIAÇÃO

A segunda observação sobre sexo no casamento é que ele é destinado a gerar filhos. A Palavra de Deus diz em Gênesis 1.28: "E Deus os abençoou e lhes disse: Sede fecundos, multiplicai-vos, enchei a terra e sujeitai-a...".

Obviamente, um dos propósitos principais da nossa sexualidade é poder gerar filhos e, portanto, obedecer a ordem de Deus de multiplicação. O homem, sem dúvida, tem obedecido essa ordem, talvez melhor do que qualquer outro mandamento de Deus. O mundo está caminhando para sete bilhões de habitantes. Sem tocar no assunto do planejamento familiar e do uso ou não de anticoncepcionais, gostaria de dizer que a Palavra de Deus nos diz que a "Herança do Senhor são os filhos; o fruto do ventre, seu galardão. Como flechas na mão do guerreiro, assim os filhos da mocidade. Feliz o homem que enche deles a sua aljava..." (Sl 127.3-5).

Uma aljava cheia continha pelo menos cinco flechas. Isso, naturalmente, não quer dizer que não se possa ser abençoado com um ou dois filhos. Mas é importante frisar, em um mundo tão egoísta quanto o que vivemos, que os filhos são uma bênção para qualquer família.

SEXO — MEIO DE COMUNICAÇÃO

No relacionamento entre marido e mulher, o ato conjugal foi designado por Deus para providenciar um meio de expressar a profunda unidade entre o casal. Portanto, a terceira observação sobre sexo no casamento é que ele é comunicativo. Há uma comunhão de espírito quando acontece a união dos corpos. Isso pode ser explicado porque em Gênesis 4.1 (RC) o Espírito Santo achou por bem utilizar a palavra *conheceu*. Esse termo é o que melhor expressa o ato conjugal. É a intimidade proveniente da experiência de tornar-se "uma só carne". No plano de Deus, o sexo foi designado para providenciar uma revelação total do amado.

Quando o casal entrega suas energias, sentimentos e afeições num relacionamento físico, ambos experimentam uma comunicação íntima. Essa é a maneira de um conhecer o outro. Cada vez que um casal comprometido pelo amor conjugal tem uma relação física, está celebrando a experiência de "uma só carne".

As implicações práticas dessa experiência são muitas, porque o ato conjugal não é somente físico, mas também emocional e espiritual. Tenho conversado com casais que dizem: "Jaime, quando temos relações sexuais, nós nos sentimos mais perto do Senhor do que em qualquer outro momento do casamento". A ideia que prevalece nos meios evangélicos é que o sexo é carnal e não pode ser considerado um exercício espiritual.

Entretanto, é temeroso e perigoso julgar que o casal deve somente se comunicar nessa área da vida. A comunicação é tremendamente importante no casamento e, certamente, o ato sexual é uma pequena parte do todo.

SEXO — PRAZER CONJUGAL

Em quarto lugar, a nossa sexualidade não visa somente gerar filhos e providenciar um meio de comunicação, mas também proporcionar prazer conjugal. Uma moça que tinha algumas dificuldades no seu relacionamento com o noivo contou-me a seguinte história: "Jaime, quando eu era garota, minha mãe me ensinou que o sexo é sujo e deve ser praticado apenas para gerar filhos; e ainda que para a mulher casada ele é 'uma cruz' que precisa ser carregada durante os anos do casamento. 'Filha, aguente firme, leve sua cruz, e Deus há de lhe dar forças'". Não é de admirar que essa moça estivesse enfrentando conflitos com o noivo. Ele tinha convicção de que o sexo não é sujo, e também que foi idealizado para o prazer e bem-estar do marido e da esposa. Ela, então, me perguntou: "Jaime, a Bíblia tem alguma coisa a dizer sobre isso? Existe a possibilidade, segundo o plano de Deus, de se desfrutar do sexo sem o intuito de procriação?". Respondi: "Sim, a Bíblia é abundantemente clara ao dizer que Deus designou o sexo para ser também um meio de prazer".

Os escritores da Bíblia, usando às vezes uma linguagem poética, descrevem os órgãos genitais, os impulsos, energias e desejos sexuais. Uma ilustração desse fato encontramos em Provérbios 5, onde o grande sábio Salomão adverte o filho sobre os perigos da mulher adúltera e exalta as delícias da expressão sexual com a esposa. Nos versículos 1 e 2, ele chama a atenção do filho, porque a instrução que tem para lhe dar é fundamental para a vida de casado. "Filho meu, atende a minha sabedoria; à minha inteligência inclina os ouvidos para que conserves a discrição, e os teus lábios guardem o conhecimento."

Nos versículos 3 a 6 ele descreve a mulher adúltera, ou prostituta.

> Porque os lábios da mulher adúltera destilam favos de mel, e as suas palavras são mais suaves do que o azeite; mas o fim dela é amargoso como o absinto, agudo, como a espada de dois gumes. Os seus pés descem à morte; os seus passos conduzem-na ao inferno. Ela não pondera a vereda da vida; anda errante nos seus caminhos e não o sabe.

Nos versículos 7 a 14, ele exorta o filho quanto aos perigos de uma vida de promiscuidade.

> Agora, pois, filho, dá-me ouvidos e não te desvies das palavras da minha boca. Afasta o teu caminho da mulher adúltera e não te aproximes da porta da sua casa; para que não dês a outrem a tua honra, nem os teus anos, a cruéis; para que dos teus bens não se fartem os estranhos, e o fruto do teu trabalho não entre em casa alheia; e gemas no fim de tua vida, quando se consumirem a tua carne e o teu corpo, e digas: Como aborreci o ensino! E desprezou o meu coração a disciplina! E não escutei a voz dos que me ensinavam, nem a meus

mestres inclinei os ouvidos! Quase que me achei em todo mal que sucedeu no meio da assembleia e da congregação.

Cuidado! "Afasta o teu caminho da mulher adúltera e não te aproximes da porta da sua casa". Que mensagem atual! Qual é o caminho da mulher adúltera? Em qual esquina está seduzindo os homens que passam? Em qual praça? Em que casa? Salomão quer dizer: Afasta-te do seu caminho para não dares o vigor da tua juventude a uma estranha, nem os teus anos a cruéis. Filho, se não obedeceres às minhas palavras, lamentarás no fim da tua vida, quando se consumirem a tua carne e o teu corpo. E aqui o grande sábio se refere a doenças venéreas.

"Como aborreci o ensino! E desprezou o meu coração a disciplina." Quantas pessoas olham para trás e gostariam de apagar essas experiências amargas. O pai aconselha e alerta seu filho na esperança de que ele avalie e compare esse procedimento desprovido de afeto e lealdade com as delícias e prazeres verdadeiros da relação física no plano de Deus.

No versículo 15 lemos: "Bebe a água da tua própria cisterna e das correntes do teu poço". Salomão usa as expressões *cisterna* e *poço*. A cisterna era um depósito onde se podia matar a sede com as águas cristalinas. Salomão exorta o filho a beber da sua própria cisterna e das correntes do seu poço, ou seja, satisfazer-se com a sua esposa. Deus está dizendo que o prazer sexual se encontra na própria casa, com seu próprio cônjuge. As forças sexuais não devem ser espalhadas desordenadamente pelas ruas e praças da cidade.

"Sejam para ti", a Palavra de Deus diz. Ele não deve abraçar a adúltera, mas a esposa.

"Seja bendito o teu manancial, e alegra-te com a mulher da tua mocidade." Essa é uma expressão de alegria, gozo e prazer. Certamente não se refere a "uma cruz" que a mulher tem de carregar, nem a algo que tem a obrigação de aguentar. Salomão até menciona animais bonitos — "corça de amores e gazela graciosa" — para descrever uma experiência de alegria e profunda satisfação.

"Saciem-te os seus seios em todo o tempo, e embriaga-te sempre com as suas carícias". A palavra embriagar tem a conotação de ficar intoxicado ou extasiado. A ideia principal é que a pessoa se envolve nesse ato, sendo transportada com encanto pelo amor do cônjuge. Você será transportado(a), banhado(a) e completamente envolvido(a) pelo amor do seu cônjuge. E o êxtase que um experimenta nos braços do outro não é nada mais nada menos do que uma expressão de prazer, gozo e alegria.

Agora vamos voltar à noiva que falou comigo. Quero que você saiba que, por causa daquela conversa, ela recebeu uma nova perspectiva sobre o sexo. Hoje, ela e o marido desfrutam de um relacionamento físico bem ajustado. Eles têm um lar muito feliz, juntamente com seus dois lindos filhos.

O livro de Cantares de Salomão é uma expressão do amor físico de duas pessoas que se amam muito. Sim, a nossa sexualidade também foi criada para o prazer e a alegria, no contexto do casamento. É importante que o casal desenvolva uma mentalidade saudável sobre essa área tão importante da vida.

SEXO — EXPERIÊNCIA DE DOAÇÃO

A quinta observação sobre o sexo no casamento é que se trata de uma experiência de doação. O amor eros é o amor sexual no casamento. Isso é importante, mas esse tipo de amor precisa ser permeado pelo amor ágape, que é o amor de Deus. E o amor de Deus se manifesta na entrega: "Porque Deus amou ao mundo de tal maneira que deu...".

A principal característica do amor, portanto, é que ele entrega. A palavra é a mesma encontrada em Efésios 5.25, quando Paulo diz:

"Maridos, amai vossa mulher, como também Cristo amou a igreja e a si mesmo se entregou por ela".

Quando a relação é governada pelo amor ágape, qualquer problema no relacionamento físico será superado.

Em 1Coríntios 7.1-5, o apóstolo Paulo precisava tratar de um problema de impureza sexual dentro da igreja de Corinto. Precisamos lembrar que os cristãos de Corinto foram convertidos de uma seita pagã que exaltava sobremodo o sexo e incluía a prática de relações sexuais nos seus próprios cultos de adoração aos deuses. Houve ocasiões em que mais de mil prostitutas-profetisas permaneciam em seu templo de Corinto, dedicado à deusa Afrodite. Corinto era uma cidade extremamente pecaminosa e tinha a reputação de praticar excessos sexuais e toda espécie de imoralidade.

Paulo diz em 1Coríntios 6.9-11 que os crentes convertidos tinham sido fornicadores, adúlteros, idólatras, homossexuais etc. Não é difícil entender por que Paulo precisou exortar e instruir várias vezes a igreja de Corinto sobre a prática de pureza moral. Por essa razão, o apóstolo, abordando o tema relacionamento físico, exorta em 1Coríntios 7.5: "Não vos priveis um ao outro."

Não há lugar para o egoísmo no relacionamento físico no casamento. Essa ordem é especialmente importante quando a tentação ao adultério está tão presente em nossa sociedade. Satanás procura causar dificuldades no relacionamento físico, a fim de aumentar a tentação que levará a alguma forma de promiscuidade.

No versículo 1 Paulo cita que a igreja de Corinto havia escrito uma carta pedindo orientação a respeito do relacionamento físico. Ele não deixa de reconhecer que existem tentações na área da imoralidade sexual. O apóstolo admite que o marido e a esposa têm necessidades sexuais e emocionais que devem ser satisfeitas no relacionamento conjugal.

No versículo 4, Paulo novamente toma o cuidado de manifestar a igualdade que deve haver entre homem e mulher: "A mulher não tem poder sobre o seu próprio corpo, e sim o marido; e também, semelhantemente, o marido não tem poder sobre o seu próprio corpo e sim a mulher".

Basicamente o que Paulo está dizendo é que cada parte é responsável por colocar como prioridade as necessidades sexuais do outro. Em outras palavras, o corpo da mulher pertence ao marido, e o corpo do marido pertence à esposa. A palavra *poder*, no versículo 4, talvez pudesse ser traduzida por *autoridade*. Para que isso aconteça, não pode existir simplesmente amor eros, e sim amor ágape. Este amor é paciente, benigno, não arde em ciúmes, não se conduz inconvenientemente, não procura os seus interesses, tudo sofre, tudo crê, tudo espera e tudo suporta.

Muitos cônjuges usam o sexo como uma arma para conseguir outras coisas no casamento. Por isso Paulo diz: "Não vos priveis um ao outro", e termina advertindo: "para que Satanás não vos tente por causa da incontinência" (ou por falta de autocontrole). Quantas vezes o diabo consegue vitórias na vida de um casal exatamente porque ambos desobedeceram a essa ordem muito simples de Paulo?

Também quero destacar que há uma necessidade de autocontrole, especialmente por parte do marido, em pelo menos três situações da vida conjugal:

1. o período um pouco antes e depois do nascimento de um filho;
2. o período menstrual da esposa;
3. em caso de algum problema fisiológico da esposa, que, então, deve ser tratado e resolvido por um médico de confiança.

No versículo 5, Paulo nos apresenta uma exceção, além daquelas que acabei de apresentar. Vamos imaginar que você é casado(a) e no domingo à noite ouviu uma mensagem desafiadora de seu pastor sobre a necessidade de uma vida intensa de oração. Você se sentiu tocado(a). Chega em casa e fala à sua esposa(marido): "Querida(o), vamos jejuar sexualmente durante um mês para que eu possa me dedicar intensamente ao exercício espiritual da oração". Paulo está dizendo: "Você não pode tomar uma decisão assim". Ele diz: "Por mútuo consentimento". Isso significa convicção e concordância completa quanto à necessidade de cessar a atividade sexual por algum tempo com um propósito espiritual, que é a oração.

Certo homem me disse: "Pastor Jaime, estou enfrentando dificuldades com a minha esposa nessa área da minha vida. Quando ela percebe que eu quero ter relação sexual, arranja qualquer desculpa: dor de cabeça, preocupações, dores menstruais etc. Ela me diz: "Querido, sinto que preciso ler a Bíblia e orar. Vá para a cama que eu vou mais tarde". O amor é sensível às necessidades do parceiro.

Esposas têm se referido a essa área da vida conjugal, dizendo: "Pastor Jaime, ele tem relações sexuais comigo e, depois de satisfazer seu desejo, não lembra mais que estou ali, ao seu lado". Muitas esposas encaram o ato sexual como uma "cruz". Às vezes, por questão de ignorância do marido, que não compreende que o período de des- pertamento da mulher para conseguir o orgasmo é bem mais longo que o do homem. Outras vezes, não é questão de ignorância, mas falta de experiência e de sensibilidade do marido para com a esposa. Por outro lado, muitas mulheres não querem ter relações sexuais porque o marido não é carinhoso. O período de esfriamento da esposa é mais vagaroso e, portanto, o homem não deve afastar-se dela logo porque, procedendo assim, ela poderá se sentir como "um brinquedo" de seu prazer. Para a mulher, o ato conjugal é bem mais emocional do que para o homem. Ela se envolve muito mais emocionalmente do que o marido. Portanto, é importante manter um ambiente de amor, bondade, carinho e compreensão no lar, não somente na hora do relacionamento físico, mas em todos os níveis.

Quando o casal compreende que o ato sexual é para duas pessoas que "deixaram" seus pais, "uniram-se" e "tornaram- se uma só carne", e que ele é comunicativo, recreativo e um meio de gerar filhos e proporcionar prazer a ambos, será bem mais difícil Satanás conseguir vitória sobre o relacionamento conjugal. O casal que tem essa mentalidade não dá chance aos ataques do inimigo nessa área.

Infelizmente, no passado recebemos uma bagagem distorcida sobre o sexo. Um dos desafios para os pais cristãos e para a liderança da igreja é desenvolver atitudes bíblicas sobre a sexualidade humana e abrir o jogo com os filhos, para que eles tenham uma vida feliz e saudável e possam, assim, construir famílias realmente cristãs.

RELACIONAMENTO SEXUAL — AVALIAÇÃO

Observação: Há algumas perguntas nesta avaliação que podem ser constrangedoras. Não quero invadir sua privacidade. Responda somente se você sentir liberdade.

1. Que livros você já leu sobre o sexo no casamento?
   _____
   _____

2. Como você relaciona amor e sexo?
   _____
   _____

3. Você tem medo do relacionamento físico no seu casamento?
   ☐ sim   ☐ não
   Se a resposta for sim, você pode compartilhar quais são seus medos?
   _____
   _____

4. Daquilo que você sabe sobre o relacionamento sexual dos seus pais, você diria que foi:
   - [ ] totalmente positivo
   - [ ] mais ou menos bom
   - [ ] tolerável
   - [ ] frio
   - [ ] sem sentido
   - [ ] fonte de muita irritação no casamento
   - [ ] _____

5. Você passou por uma experiência negativa na área sexual na sua infância ou adolescência?
   - [ ] sim   [ ] não

   Caso sua resposta seja positiva, qual?
   - [ ] incesto
   - [ ] violação
   - [ ] homossexualismo
   - [ ] relação sexual com o namorado(a)/noivo(a)
   - [ ] carícias íntimas, sem consumar o ato sexual
   - [ ] _____

   Você pode contar essa experiência ao(à) seu(sua) parceiro(a)?
   _____
   _____
   _____

6. No casamento, sexo sem amor é
   _____
   _____

   Por outro lado, amor sem sexo é
   _____
   _____

7. Seu ponto de vista sobre planejamento familiar é
_____
_____
_____

8. As decisões sobre planejamento familiar devem ser feitas pelo(a)
☐ marido ☐ esposa ☐ ambos

9. Quem você acha que deve iniciar as carícias no ato conjugal? Por quê?
_____
_____

10. Quem você acha que deve determinar o lugar, a frequência, as posições etc. no ato sexual?
_____

11. Você acha que o sexo oral é errado?
☐ sim ☐ não ☐ não sei
Por quê?
_____
_____

12. Como você se sente ao pensar em ver seu(sua) parceiro(a) nu?
_____
_____

13. Como você acha que ele(a) se sentirá com o fato de ser visto(a) nu(nua)?
_____
_____

14. Você acha importante que a esposa sempre chegue ao orgasmo?
    _____
    _____

15. Você acha importante que o marido sempre chegue ao orgasmo?
    _____
    _____

16. Para você é importante que o orgasmo ocorra simultaneamente para os dois?
    _____
    _____

17. Você concorda que o amor ágape sempre deve permear o amor eros no ato sexual?
    ☐ sim   ☐ não   ☐ não sei

18. Você acha importante que o casal converse sobre o ato sexual? Por quê?
    _____
    _____

    A comunicação durante o ato sexual é importante? Por quê?
    _____
    _____
    _____

19. Você conseguiria verbalizar ao(à) seu(sua) parceiro(a) o que mais a(o) estimula sexualmente?
    _____
    _____
    _____

20. Você acha correto ter relações sexuais quando a esposa está menstruada?
_____
_____
_____

21. Quantas vezes por semana, em média, você gostaria de ter relações sexuais?
_____
_____

22. Quanto tempo você acha que o ato sexual deve durar?
_____
_____

23. Que importância você dá à higiene pessoal? Você acha que o casal sempre deve tomar banho antes da relação sexual?
_____
_____

24. Você acha importante ter uma fechadura na porta do seu quarto para poder trancá-la durante a relação sexual?
_____
_____

25. Para você, qual é a hora mais apropriada para ter uma relação sexual?
    ☐ pela manhã, antes de levantar
    ☐ durante a hora do almoço
    ☐ à noite, antes de dormir
    ☐ qualquer outra hora

26. Você acha que a relação sexual sempre deve ocorrer no seu quarto, na sua cama, ou há outros lugares onde ela também pode acontecer?
_____
_____

27. Você acha que deve sempre manter a mesma posição no ato sexual, ou seria bom desenvolver uma variedade de posições para descobrir qual dá mais prazer ao casal?
_____
_____

28. Qual seria sua reação se descobrisse que seu(sua) parceiro(a) não gosta do ato sexual?
_____
_____

29. O que você faria se a sua esposa não conseguisse chegar ao orgasmo?
_____
_____

30. O que você faria se o seu marido tivesse ejaculação precoce?
_____
_____

31. Explique a diferença que existe entre o marido e a esposa no período de despertamento para o orgasmo:
Esposa
_____
_____

Marido
_____
_____

32. Você é capaz de recusar o desejo do seu marido ou da sua esposa de ter relação sexual sem ofendê-lo(a)?
_____
_____

33. Você acha correto ter relação sexual na presença do seu filho de cinco anos?
☐ sim ☐ não
Por quê?
_____
_____

34. Quais são alguns assuntos sobre sexo que você gostaria de conversar com o seu(sua) noivo(a) antes do casamento?
_____
_____
_____

35. O que você pensa fazer se descobrir que seu(sua) noivo(a) não é mais virgem?
_____
_____

36. Você gostaria de conversar sobre sexo com seu(sua) noivo(a) na presença de um pastor ou conselheiro?
☐ sim ☐ não

37. Você acha válido receber aconselhamento quando existem problemas na área sexual em seu casamento?
☐ sim ☐ não
Explique:
_____
_____

38. Você já fez exames pré-nupciais?
☐ sim ☐ não

39. Se a resposta for sim, você está satisfeito com a orientação médica que recebeu?
☐ sim ☐ não
Explique:
_____
_____

Recomendo os livros abaixo para você se aprofundar na temática do sexo:

DOBSON, James. *O que as esposas desejam que seus maridos saibam a respeito das mulheres*. São Paulo: Editora Vida, 1996. Ler cap. 7, p. 123-151.

KEMP, Jaime. *Sua família pode ser melhor*. São Paulo: Editora Vencedores por Cristo, 1986. Ler o caps. 9-10, p. 89-111.

LAHAYE, Beverly e Tim. *O ato conjugal*. Belo Horizonte: Betânia, 1989. Ler caps. 1-7, p. 15-105.

PALAU, Luis. *Sexo e juventude*. São Paulo: Mundo Cristão.

10
Finanças

O controle financeiro é um dos fatores que mais contribui para brigas, frustrações e preocupações no lar. O dinheiro pode ser encarado de modo diferente de pessoa para pessoa. Além de suprir as necessidades da vida, pode simbolizar sucesso, poder, posição social e segurança emocional. A família cristã que conhece os princípios de Deus sobre finanças e coloca Cristo como o Senhor de sua vida precisa saber usar o dinheiro.

Geralmente, as rixas sobre dinheiro revelam a existência de problemas mais profundos. O dinheiro é simplesmente o campo de batalha, o sintoma de uma doença mais grave.

Você que vai se casar em breve deve saber que todo casal tem algumas frustrações e dificuldades na área financeira. Mas essas dificuldades podem diminuir sensivelmente se, na época do noivado, os dois conversarem aberta e francamente sobre as questões financeiras e a maneira como pretendem controlar o dinheiro no seu lar. Aqui estão algumas perguntas que podem ajudar na definição de um posicionamento: Como serão feitas as decisões financeiras na família? Qual é sua opinião sobre a esposa trabalhar fora? Você tem dívidas? Como você encara a compra feita a prestações ou o uso do cartão de crédito? Essas e outras são questões que devem ser discutidas com muita clareza antes do casamento. Isso pode evitar muitos desentendimentos no futuro.

Preencha a avaliação a seguir e comente-a com seu(sua) noivo(a). Seria melhor conversar sobre esses assuntos na presença de um pastor ou conselheiro, que pode perceber qualquer possível problema. No entanto, antes de fazer a avaliação, leia o capítulo 11 do livro *Sua família pode ser melhor*. Essa orientação pode ajudá-los a discernir atitudes erradas e dificuldades que vocês talvez já estejam passando, e que causarão maiores conflitos no casamento.

FINANÇAS — AVALIAÇÃO

1. Vocês dois já conversaram sobre a maneira como pretendem controlar as finanças depois do casamento?
   ☐ sim   ☐ não

   Se a resposta for sim, você discorda em algum ponto com seu(sua) noivo(a)? Explique:
   _____
   _____
   _____

2. Explique como vocês decidirão qualquer assunto financeiro no casamento.
   _____
   _____
   _____

3. Como você encara o fato da sua esposa trabalhar fora enquanto vocês ainda não têm filhos?
   _____
   _____

4. E quanto à esposa trabalhar fora depois do nascimento do primeiro filho?
_____
_____

5. Você tem dívidas?
   ☐ sim   ☐ não
   Quais?
   _____
   _____

6. Seu(sua) noivo(a) tem dívidas?
   ☐ sim   ☐ não   ☐ não sei

7. Você acha aconselhável casar com dívidas?
   ☐ sim   ☐ não   ☐ não sei
   Se a resposta for sim, você pode explicar seu ponto de vista?
   _____
   _____

8. Dê a sua opinião sobre comprar à prestação.
   _____
   _____

9. Se você está pagando prestações, quando pretende quitá-las?
   _____
   _____

10. Dê a sua opinião sobre o uso de cartões de crédito.
    _____
    _____

11. Se a esposa é assalariada, você acha que o casal deve ter contas bancárias separadas?
_____
_____

12. Uma vez casados, quem será responsável por pagar as contas?
_____
_____

13. Você acha importante chegar a um acordo com seu cônjuge a respeito de qualquer compra acima de 10% da renda mensal?
    ☐ sim   ☐ não   ☐ depende

14. Você já calculou a sua renda mensal atual em relação às despesas que terá quando casar?
    ☐ sim   ☐ não

15. Qual é a sua opinião sobre dar o dízimo da sua renda?
_____
_____

16. Qual é a sua opinião sobre contribuir para a obra de Deus, além do dízimo da sua renda?
_____
_____

17. Você já conversou com seu (sua) noivo(a) sobre a possibilidade de fazer investimentos, poupança, comprar terreno, casa etc?
_____
_____
_____

18. Qual é a sua opinião sobre abrir uma poupança para seus filhos?
   _____

19. Você é capaz de viver dentro do seu orçamento ou tem a tendência de gastar mais?
   ☐ viver dentro do orçamento   ☐ tendência de gastar mais
   Se você tende a gastar mais do que recebe, o que acha que deve fazer ao casar?
   _____
   _____

20. O que você faria se, uma vez casado(a), enfrentasse dificuldades financeiras?
   _____
   _____

21. Vocês já fizeram um orçamento financeiro?
   ☐ sim   ☐ não
   Se a resposta for não, você está disposto a fazê-lo antes de casar?
   ☐ sim   ☐ não

Observação: Veja a seguir Modelo de Orçamento.

22. Você consegue prever qualquer dificuldade de relacionamento no casamento em relação a alguma das seguintes atitudes?
   ☐ Contas separadas — quando o marido e a esposa trabalham fora e um ou ambos insistem em conservar seu dinheiro separadamente.
   ☐ Dominador — o dinheiro se torna o caminho para comandar e até dominar os membros da família.
   ☐ Comprar amor — pensar que o amor, como outras coisas na vida, pode ser comprado por certa quantia de dinheiro. É a

tendência de pais muito ocupados, que cobrem seus filhos de presentes. Eles gostariam que isso substituísse a presença deles no lar, ou aliviasse a consciência pesada por não darem de si mesmos aos seus filhos como deveriam.

☐ Economizar para a hora do aperto — estar sempre com medo de falir, de perder o emprego, de ficar doente ou de sofrer um acidente. Há um aspecto positivo nessa atitude, mas também há o perigo de ser escravizado pelo dinheiro e não depender do Senhor para suprir as necessidades.

☐ "Deixa que eu pago" — é a grande necessidade de impressionar os outros com a sua "riqueza" e "generosidade". Com isso, a pessoa quer demonstrar sua importância e sucesso. Ela gasta o que tem e o que não tem. Às vezes, age dessa maneira porque, na sua infância, foi privada de coisas materiais. A tendência é cair no outro extremo.

23. Quais suas dúvidas sobre o relacionamento futuro em relação às finanças:

_____

_____

MODELO DE ORÇAMENTO

RECEITAS	
Renda bruta mensal (a)	R$ _____
(-) Porcentagem separada para o Senhor	R$ _____
Subtotal	R$ _____
(-) Descontos na fonte (INSS, IR etc.)	R$ _____
Subtotal (c)	R$ _____
RECEITA LÍQUIDA	R$

DESPESAS

Despesas Gerais

Água	R$ _____
Aluguel	R$ _____
Combustível	R$ _____
Condomínio	R$ _____
Educação	R$ _____
Farmácia	R$ _____
Gás	R$ _____
Luz	R$ _____
Outras	R$ _____
Plano de saúde	R$ _____
Previdência oficial (INSS)	R$ _____
Previdência privada	R$ _____
Seguro	R$ _____
Supermercado	R$ _____
Telefone	R$ _____
Subtotal	R$ _____

Despesas eventuais

IPVA	R$ _____
IPTU	R$ _____
Livros	R$ _____
Móveis	R$ _____
Recreação	R$ _____
Roupas, calçados	R$ _____
Subtotal	R$ _____

TOTAL DE DESPESAS — R$

SALDO — R$

INVESTIMENTOS	
Caderneta de poupanaça	R$ _____
Fundos	R$ _____
Outros	R$ _____

Recomendo o livro abaixo para você se aprofundar na temática das finanças:

KEMP, Jaime. *Sua família pode ser melhor*. São Paulo: Editora Vencedores por Cristo, 1986. Ler o cap. 11, p. 113-124.

11
Relacionamento com sogros

A frase "Feliz foi Adão que não teve sogra", que aparece nos para-choques de alguns caminhões, reflete um pouquinho daquilo que o homem pensa a respeito da mãe de sua esposa. Dou graças a Deus pela minha sogra. Ela é sensacional! Não interfere em nada no nosso relacionamento conjugal. Mas o melhor a seu respeito é que ela mora a dez mil quilômetros de distância (estou brincando, é claro)! Gosto demais da minha sogra. Afinal de contas, ela e meu sogro me deram uma pessoa muito preciosa: minha querida esposa. Não tenho muitos problemas de relacionamento com minha sogra. Ela tem contribuído bastante para a felicidade e estabilidade da nossa vida conjugal, não somente na área financeira, que por sinal é muito significativa, mas também nos encorajando, aconselhando e exercendo influência positiva na vida de nossas filhas.

Você que vai se casar brevemente deve se lembrar de que a família é uma invenção de Deus. Portanto, ele tem a orientação exata para todos os relacionamentos familiares. Gênesis 2.24 é um versículo muito importante, porque nos dá as bases para a edificação da família. Isso é comprovado pelo fato de Jesus, séculos mais tarde, se referir a essa passagem quando falou sobre a família, em Mateus 19.4-5. O apóstolo Paulo, em suas exortações sobre casamento em Efésios 5.22-33, também se referiu a esse trecho. Os princípios eternos de Deus sobre a família são aplicáveis a qualquer época e cultura.

Em Gênesis 2.24, Deus nos dá uma "dica" importante para o relacionamento com os sogros: "Por isso, deixa o homem pai e mãe...".

Deus disse que o homem e a mulher têm de deixar mãe e pai. Esse é um "deixar" emocional. O homem assume uma nova função: passa a ser o marido da sua esposa. O mesmo acontece com a mulher, que passa a ser a esposa do seu marido. Ambos "deixaram" seus pais, no sentido de que assumiram uma nova função dentro da família. Portanto, para que o novo relacionamento entre os recém-casados possa ser desenvolvido normalmente, o cordão umbilical precisa ser cortado. Esse fato não quer dizer que os filhos cortarão o contato com seus pais, ou que vão abandoná-los ou ignorá-los. Mas significa um deixar geográfico, isto é, não morar com os sogros; um deixar financeiro: não depender financeiramente deles; um deixar emocional, um desligar emocional da dependência dos pais, que durante a vida deram segurança, afeição e proteção. Se o "deixar" não acontecer, o "unir-se", que significa "cimentar", será prejudicado. Se existe um presente que os pais podem dar aos filhos no dia do casamento, esse presente é a libertação. Os filhos precisam saber disso. Portanto, é importante que os pais expressem esse compromisso verbalmente. Isso pode ser usado para cimentar o novo relacionamento.

Esse "deixar" é uma das responsabilidades mais difíceis para os pais. E não somente para eles, mas também para os filhos. Deixar mãe e pai pode ser uma das decisões mais difíceis e mais dolorosas de se tomar. De fato, em muitos casos, casais têm prejudicado seu relacionamento porque nunca se desligaram emocionalmente de seus pais.

Falando em desligar-se dos pais, quero adicionar uma palavra: quando você se casar, seu marido é seu marido, não seu pai; e sua esposa é sua esposa, não sua mãe. Você pode achar que não tem importância usar esses termos para se referir a seu cônjuge, mas creio que isso é capaz de atrapalhar o sentimento de romantismo entre o casal.

Para ilustrar tal importância, quero narrar a história de Carlos e Andréa. Quando ainda era recém-casada, certa tarde Andréa estava na cozinha de sua casa preparando o jantar. Então pensou: "Que farei para a sobremesa? Já sei! Pudim de caramelo!". Ela nunca havia feito um antes, mas estava na hora de aprender. Abriu o livro de receitas e seguiu fielmente as instruções. Carlos chegou e os dois jantaram. Depois do jantar, finalmente Andréa foi até a geladeira buscar aquele que, para ela, seria o ponto alto de um jantar preparado com muito carinho: seu primeiro pudim de caramelo! Ela estava ansiosa para saber a opinião do marido, mas ao mesmo tempo orgulhosa por ter sido capaz de fazer uma sobremesa especial. Carlos pôs a primeira colherada na boca, fez uma careta e falou: "Querida, você precisa aprender a fazer pudim de caramelo igual ao da minha mãe". A jovem começou a chorar e aquele casal teve sua primeira briga, porque o marido ainda não tinha se desligado de sua mamãezinha.

Veja abaixo algumas maneiras pelas quais os recém-casados podem desenvolver um bom relacionamento com os sogros.

1. Não morem com seus pais depois de casados. Procurem morar na sua própria casa, mesmo que seja alugada e muito humilde. Morar com os pais ou sogros geralmente é uma péssima maneira de iniciar um novo lar.

2. Não pense que seus pais ou sogros devem ajudá-los financeiramente.

3. Cuidado com a atenção excessiva dada aos pais. Isso pode criar ciúmes e raízes de amargura no cônjuge. Quantas vezes ouvimos expressões como esta: "Para seus pais você sempre tem tempo, mas para mim não". Se um dos cônjuges comete esse erro, ele poderá estar jogando os pais contra o(a) esposo(a). A tendência natural,

consciente ou inconsciente, é rejeitar os sogros: afinal de contas, eles estão roubando algo que é seu.

4. Não use constantemente seus pais ou sogros como babás. Naturalmente que os avós vão querer cuidar dos netos, mas há o perigo de abusar dessa boa vontade.

5. Não esqueça do aniversário dos seus pais e sogros. Você poderá ganhar o afeto da sua sogra com um buquê de rosas no seu aniversário.

6. De vez em quando, expresse verbalmente seus sentimentos positivos por seus pais. Eles precisam saber que são importantes em sua vida.

7. Descubra que tipo de relacionamento seus pais e sogros esperam de vocês. Por exemplo: com que frequência podem visitá-los ou telefonar-lhes? Até onde pode ir a influência deles na disciplina de seus filhos?

8. Procure demonstrar amor por seus sogros. Pergunte-se de vez em quando: "O que tenho feito, recentemente, para demonstrar que os aprecio e os amo?".

É triste quando não há um bom relacionamento entre sogros e filhos. Mas quando acontece o "deixar" geográfico, financeiro e emocional de ambas as partes, há também a possibilidade de se construir um relacionamento profundo e amável. Porém, quando não existe a disposição de "deixar", sempre surgirão problemas. Os sogros existem para ser uma bênção na vida dos filhos e netos. Por outro lado, os filhos e netos devem fazer tudo para que seus pais/avós sejam felizes.

Faça a avaliação a seguir para discernir seus pensamentos e atitudes em relação aos seus sogros. Cada um deve fazer a avaliação individualmente e depois comparar suas respostas na presença do pastor ou conselheiro.

Não havendo um conselheiro à disposição, os noivos podem fazer a avaliação do mesmo modo, individualmente e, depois, compartilhar juntos, dialogando abertamente sobre as questões em que apresentam diferenças de opiniões.

RELACIONAMENTO COM SOGROS — AVALIAÇÃO

1. Seus pais/sogros concordam plenamente com o seu casamento?
   ☐ sim   ☐ não   ☐ não sei
   Se a resposta for não, você sabe por quê?
   _____
   _____

2. Você estaria disposto(a) a esperar até que seus pais/sogros concordem plenamente com o casamento?
   ☐ sim   ☐ não   ☐ não sei

3. Leia as seguintes passagens bíblicas: Êxodo 20.12; Provérbios 30.17; Marcos 7.8-13; Efésios 6.1-4; e Colossenses 3.20. À luz dessas passagens, você acha aconselhável tomar a decisão de casar contra a vontade dos seus pais/sogros?
   ☐ sim   ☐ não   ☐ depende
   Se a resposta for sim, explique por quê:
   _____
   _____

   Se a resposta for depende, explique:
   _____
   _____

4. Você acha justificável tomar a decisão de casar contra a vontade dos pais/sogros se eles não são crentes, ou se estão desviados do Senhor?
   ☐ sim   ☐ não   ☐ não sei

5. Se a resposta for sim, e à luz de Romanos 13.1-7 e 1Pedro 2.18-23, como você justificaria essa decisão?
   _____
   _____

6. Como você descreveria seu relacionamento com os seus sogros durante seu namoro e noivado?
   - [ ] excelente
   - [ ] bom
   - [ ] regular
   - [ ] péssimo
   - [ ] tolerável
   - [ ] de rejeição
   - [ ] de perseguição
   - [ ] _____

7. A respeito do casamento de vocês, seus pais pensam que:
   _____
   _____
   _____

8. A respeito do casamento de vocês, seus sogros pensam que:
   _____
   _____
   _____

9. Você acha que o comportamento de vocês dois, no período de namoro e noivado, tem agradado seus pais?
   - [ ] sim
   - [ ] não
   - [ ] não sei

   E seus sogros?
   - [ ] sim
   - [ ] não
   - [ ] não sei

10. Você sente amargura ou ressentimento em relação aos seus pais ou irmãos a ponto de esse sentimento prejudicar o seu casamento?
    - [ ] sim
    - [ ] não
    - [ ] não sei

Se a resposta for sim, você pode compartilhar o que é?
_____
_____

11. Você sente amargura ou ressentimento em relação aos seus sogros ou parentes a ponto de esse sentimento prejudicar o seu casamento?
    ☐ sim   ☐ não   ☐ não sei
    Se a resposta for sim, você pode compartilhar o que é?
    _____
    _____

12. Você acha que deve corrigir algo no seu relacionamento com sua família, ou com a de seu(sua) noivo(a), pedindo perdão ou perdoando qualquer ofensa?
    ☐ sim   ☐ não
    Se a resposta for sim, você está disposto a tratar da ofensa antes de se casar?
    ☐ sim   ☐ não

13. Você tem dificuldade em aceitar completamente os seus sogros como eles são?
    ☐ sim   ☐ não
    Se a resposta for sim, em que área você tem dificuldade?
    _____
    _____
    _____

14. Você trata os seus sogros com o mesmo respeito e consideração que demonstra ter para com os seus amigos?
    ☐ sim   ☐ não   ☐ às vezes

15. Você tem tendência para criticar os sogros na presença de seu(sua) noivo(a)?
    ☐ sim   ☐ não   ☐ às vezes

16. Você tem disposição para aceitar e avaliar os conselhos dos seus sogros?
    ☐ sim   ☐ não   ☐ às vezes

17. Você procura ver os pontos positivos na vida dos seus sogros ou apenas os pontos fracos?
    ☐ pontos positivos   ☐ pontos fracos

18. Você pretende morar com os seus sogros nos primeiros meses ou anos do seu casamento?
    ☐ sim   ☐ não   ☐ talvez

19. Você já está ou pretende se envolver financeiramente com os seus sogros?
    ☐ sim   ☐ não   ☐ não sei
    Se a resposta for sim, por favor explique que tipo de envolvimento financeiro você tem ou terá:
    _____
    _____

20. Se após o casamento houver conflitos com os seus sogros, você:
    _____
    _____

21. Se após o casamento seus sogros forem morar em sua casa, você:
    _____
    _____

22. Se após o casamento seu cônjuge criticar seus pais, você:
_____
_____

23. Se após o casamento seu cônjuge tomar partido dos pais ou sogros, você:
_____
_____

24. Se após o casamento sua sogra interferir na criação dos seus filhos, você:
_____
_____

25. Você acha que os avós devem estar dispostos a cuidar dos netos:
☐ sempre   ☐ nunca   ☐ às vezes

26. Se após o casamento sua mãe ou sogra tentarem conquistar a posição central na sua vida conjugal, você:
_____
_____

27. Se no seu casamento houver uma intervenção da parte dos sogros, você irá tolerar?
☐ sim   ☐ não

28. Quando casados, vocês devem visitar os pais ou sogros:
☐ todos os dias
☐ duas, três vezes por semana
☐ uma vez por semana
☐ uma, duas vezes por mês

- [ ] duas, três vezes por ano
- [ ] nunca
- [ ] _____

29. O que você faria se os seus pais precisassem dos filhos na velhice, diante das seguintes necessidades:
    - Em caso de viuvez? _____
    - Problemas de habitação? _____
    - Auxílio para alimentação? _____
    - Em caso de doença? _____
    - Quando não podem mais se sustentar financeiramente?
    _____
    _____

30. Você antevê os seguintes problemas com seus sogros:
    _____
    _____

31. Você tem as seguintes dúvidas sobre os sogros:
    _____
    _____

Recomendo o livro abaixo para você se aprofundar na temática do relacionamento com o sogro e a sogra:

Kemp, Jaime. *Sua família pode ser melhor*. São Paulo: Editora Vencedores por Cristo, 1986. Ler o cap. 12, p. 125-129.

12
Criação de filhos

Aparentemente, as maiores preocupações dos noivos prestes a se casar são: a cerimônia, a lua de mel, a casa para morar, as finanças e o relacionamento sexual.

Em meio a esses aspectos, que parecem ser os mais urgentes, há de se considerar outras áreas que também devem ser avaliadas. Entre elas está a questão da criação de filhos. O que você pensa a respeito do planejamento familiar? Quantos filhos você quer? Em que época do casamento? Como vai discipliná-los? Essas e outras perguntas devem ser discutidas antes de os noivos se casarem para não haver desilusões no futuro e, como consequência, muitas brigas e mal-entendidos.

Temos a seguir uma série de perguntas, cujas respostas podem ser discutidas pelos noivos juntamente com o pastor ou conselheiro. As questões têm o intuito de ajudá-los a formular suas opiniões e compartilhar abertamente esse assunto tão importante na vida familiar.

CRIAÇÃO DE FILHOS — AVALIAÇÃO

1. Que livros você já leu sobre criação de filhos?
   _____
   _____

2. Você quer ter filhos?
   ☐ sim   ☐ não   Quantos? _____

3. Se vocês ficassem sabendo depois do casamento que não podem ter filhos, como acham que reagiriam?
   _____
   _____

4. Vocês acham que, não podendo ter filhos, a solução seria adotar?
   _____
   _____

5. Vocês estariam dispostos a adotar pelo menos um filho?
   ☐ sim, se não puderem ter filhos
   ☐ não
   ☐ mesmo tendo filhos, estariam abertos a adotar pelo menos um
   ☐ se tiverem filhos, não estão dispostos a adotar uma criança
   ☐ _____

6. Quando você gostaria de ter o primeiro filho?
   ☐ depois de um ano e meio de casados
   ☐ depois de dois anos de casados
   ☐ depois de três anos de casados
   ☐ depois de cinco anos de casados
   ☐ não gostaria de esperar
   ☐ _____

7. Você encara filhos como:
   ☐ uma bênção do Senhor
   ☐ um incômodo
   ☐ um peso financeiro

☐ um acidente
☐ _____

8. É muito importante que o pai esteja presente no nascimento do filho
   ☐ sim   ☐ não   ☐ não sei

9. Qual deve ser a diferença de idade entre os filhos?
   _____

10. Como você acha que reagirá se um de seus filhos nascer deficiente?
    _____

11. Como você acha que reagirá se todos os seus filhos forem do mesmo sexo?
    _____

12. Você acha que, depois de nascer o primeiro filho, a esposa deve continuar trabalhando fora do lar?
    ☐ sim   ☐ não   ☐ não sei

13. O nome dado aos filhos devem ser determinados:
    ☐ pelo pai   ☐ pela mãe   ☐ por ambos
    ☐ pelos amigos e parentes

14. Em sua opinião, quem deve ser responsável pela instrução e disciplina dos filhos?
    ☐ o marido   ☐ a esposa   ☐ ambos

15. Seus pais o(a) disciplinaram:
    ☐ severamente
    ☐ sem o uso de chinelo, vara etc.

☐ com raiva
☐ incoerentemente
☐ com amor
☐ fielmente
☐ com o uso de chinelo, vara etc.
☐ não me disciplinaram
☐ _____

16. Quando seus pais o(a) disciplinavam, era algo:
    ☐ positivo   ☐ negativo   ☐ não me lembro
    Se a resposta for negativa, você pode compartilhar o que foi negativo?
    _____
    _____

17. Na disciplina dos seus filhos, você usará chinelo, vara etc.?
    ☐ sim   ☐ não   ☐ não sei

18. O mais importante na disciplina de filhos é:
    _____
    _____

19. Se seu cônjuge disciplinar seu filho e você não concordar, o que você fará?
    _____
    _____

20. Você acha importante elogiar seus filhos?
    ☐ sim   ☐ não   ☐ não sei
    Se a resposta for sim, por que você acha que é importante?
    _____

21. Quem que deve ser o(a) responsável em cada um dos seguintes casos?

    Pai Mãe
    ☐ ☐ comprar roupas para os filhos
    ☐ ☐ ajudar os filhos nas tarefas escolares
    ☐ ☐ dar banho nos filhos quando pequenos
    ☐ ☐ ensinar aos filhos pequenas tarefas caseiras
    ☐ ☐ brincar com os filhos
    ☐ ☐ orar com os filhos antes de eles dormirem
    ☐ ☐ comprar presentes em ocasiões especiais
    ☐ ☐ Verificar se os filhos estão cumprindo suas responsabilidades, tanto na escola como em casa

22. Quais são algumas qualidades morais e espirituais que você gostaria que seus filhos aprendessem?
    _____
    _____

23. Deixar os filhos aos cuidados de babás é
    _____
    _____

24. Qual a sua opinião sobre uma pessoa que se preocupa mais com os filhos do que com o cônjuge?
    _____
    _____

25. Se você tem filhos de um casamento anterior, que tipo de relacionamento gostaria que eles tivessem com o(a) novo(a) pai/mãe?
    _____
    _____

26. Se você tem filhos de um casamento anterior, quem deve discipliná-los?
   _____
   _____

27. Leia Hebreus 12.5-11; e Provérbios 22.15; 23.13-14; 29.15-17. Conforme esses trechos, que atitude você acha que Deus adota a respeito da disciplina de filhos?
   _____
   _____

28. Leia Deuteronômio 6.5-9. De acorodo com essa passagem, o que você considera ser mais importante na criação de filhos?
   _____
   _____

29. Você tem as seguintes dúvidas sobre criação de filhos:
   _____
   _____

Recomendo os livros abaixo para você se aprofundar na temática da criação de filhos:

Dobson, James. *Ouse disciplinar*. São Paulo: Vida, 1987.
Christenson, Larry. *A família do cristão*. Belo horizonte: Betânia, 1996. Ler caps. 3-4, p. 55-124.

13
Vida espiritual

Nos meus seminários sobre namoro, noivado, casamento e sexo, procuro constantemente desafiar os jovens a desenvolver hábitos saudáveis na sua intimidade espiritual com o parceiro. Por exemplo: orar, ler e estudar a Palavra juntos etc. Essa intimidade espiritual ajuda a controlar a intimidade física. Procuro alertá-los sobre esse fato. Quando a intimidade física se desenvolve antes da intimidade espiritual, há sérias consequências, como sentimentos de culpa, barreira na comunicação, desconfianças, ressentimentos e amarguras. Por outro lado, o relacionamento no namoro e noivado é tranquilo e desembaraçado quando os desejos sexuais, os pensamentos, a vontade e as emoções são controlados pelo Espírito.

Tenho observado algo interessante nesse sentido. Se o casal não cria hábitos espirituais antes do casamento, provavelmente não irá fazê-lo na vida conjugal. Se ainda há tempo antes de você se casar, quero encorajá-lo(a) a disciplinar-se nessa área tão essencial.

Aqui estão algumas sugestões para desenvolver sua vida espiritual:

1. Estudem a Bíblia juntos. Não deixem de fazer ao menos uma leitura, mesmo que breve, sempre que se encontrarem. Que isso possa se tornar um hábito em sua vida.

2. Orem juntos sempre que se encontrarem. Nunca conheci um casal que desenvolveu intimidade na oração e depois se separou ou divorciou. Não estou me referindo à oração superficial, mas a uma intimidade perante seu parceiro e Deus, através da oração. Isso pode ser ameaçador porque, às vezes, você terá de confessar um pecado a Deus e seu(sua) noivo(a) estará ouvindo. Outras vezes, você terá de pedir forças a Deus porque está sendo tentado numa área da sua vida e tem medo de compartilhar com o Senhor na frente do(a) seu(sua) noivo(a). O preço da intimidade espiritual é abertura, transparência, sinceridade e honestidade.

3. Cante com seu noivo(a). A Palavra de Deus nos diz que devemos louvá-lo com salmos, hinos e cânticos espirituais. Às vezes, cantamos cânticos de louvor antes das refeições em nossa casa. Isso certamente é motivo de grande bênção em nosso lar. A música pode mudar seu estado de espírito. Quantas vezes, quando estou abatido, começo a cantar e então meus pensamentos se concentram em Deus. Tal procedimento pode lhe parecer estranho, especialmente no início. Talvez você não saiba cantar. Isso não é importante. O louvor mudará o clima de seu relacionamento e levantará seu espírito quando você estiver abatido.

4. Ouçam CDs juntos. Existem bons CDs com músicas cristãs, leituras bíblicas e mensagens edificantes. Muitas vezes, quando viajamos de carro, Judith e eu ouvimos mensagens inspiradoras que alimentam nossa alma. Às vezes conversamos sobre o assunto apresentado. Isso nos edifica. Também escutamos CDs à noite, em nosso quarto.

O aprofundamento da intimidade do casal é fator importantíssimo na solução dos casamentos que estão naufragando nestes dias tão conturbados. Esse é o segredo de um relacionamento feliz!

VIDA ESPIRITUAL — AVALIAÇÃO

1. Dê sua definição sobre o casamento cristão:

   _____

   _____

_____
_____

2. Numa escala de 1 a 10, sendo 1 o menos importante e 10 muito importante, em que grau de importância você coloca um casamento cristão?
   ☐1 ☐2 ☐3 ☐4 ☐5 ☐6 ☐7 ☐8 ☐9 ☐10

3. Uma vez casado(a), você pretende frequentar uma igreja?
   ☐ sim ☐ não ☐ não sei

4. Quem deve tomar a liderança espiritual no lar?
   ☐ o marido ☐ a esposa

5. Você pretende ler a Bíblia e orar diariamente com seu(sua) esposo(a)?
   ☐ sim ☐ não ☐ não sei

6. Quem deve ser responsável por manter um clima espiritual e emocional no lar?
   ☐ o marido ☐ a esposa
   ☐ ambos

7. Quem deve se responsabilizar pelo crescimento espiritual dos filhos?
   ☐ o marido   ☐ a esposa
   ☐ ambos   ☐ os próprios filhos

8. Você pretende fazer um culto doméstico diário ou semanal no seu lar quando se casar?
   ☐ sim ☐ não ☐ não sei

Se a resposta for sim, quem deve tomar a liderança?
☐ o marido ☐ a esposa

9. Defina, em suas palavras, Salmos 127.1:
   _____
   _____
   _____

10. Aliste as responsabilidades do marido conforme o texto de Efésios 5.22-6.4; Colossenses 3.21; e 1Pedro 3.7:
    _____
    _____
    _____

11. Aliste as responsabilidades da esposa conforme o texto de Efésios 5.22-24,33; Tito 2.3-5; e 1Pedro 3.1-6:
    _____
    _____

12. Como você explica a frase "o marido é o cabeça da mulher" (Efésios 5.23)?
    _____
    _____

13. Como você explica a frase "Sede vós, igualmente, submissas a vosso próprio marido" (1Pedro 3.1)?
    _____
    _____

14. Você acha que o marido é superior e a esposa é inferior?
    ☐ sim ☐ não ☐ não sei

15. Você acha que apenas a esposa deve se submeter ao marido ou existe também uma submissão do marido à esposa?
    ☐ somente a esposa deve se submeter ao marido
    ☐ existe uma submissão do marido à esposa
    ☐ não sei

16. Vocês têm algumas discordâncias na vida espiritual?
    ☐ sim   ☐ não   ☐ não sei
    Se a resposta for sim, você pode compartilhar quais são?
    _____
    _____
    _____

17. Se vocês discordam sobre a vida espiritual, você se compromete a conversar e resolver o assunto antes de se casar?
    ☐ sim   ☐ não

18. Você acha que separação ou divórcio são opções para um casal que tem discórdias e que não consegue ou não está disposto a resolvê-las?
    ☐ sim   ☐ não   ☐ não sei
    Se a resposta for sim, você pode explicar melhor?
    _____
    _____
    _____

19. Conforme Malaquias 2.14-16; Mateus 5.31-32; 19.3-12; e 1Coríntios 7.10-16, a atitude de Deus a respeito do divórcio é:
    _____
    _____
    _____

20. Você tem dúvidas sobre a vida espiritual do seu(sua) noivo(a) nas seguintes áreas:
    - [ ] se ele(a) realmente tem Jesus Cristo como Senhor e Salvador da sua vida
    - [ ] se ele(a) se compromete a seguir os padrões bíblicos de um lar cristão
    - [ ] se ele(a) vai ler a Bíblia e orar com você depois de casado(a)
    - [ ] se ele(a) frequentará a igreja com você semanalmente
    - [ ] se ele(a) se envolverá no serviço da igreja
    - [ ] se ele(a) a(o) apoiará na instrução e disciplina dos filhos
    - [ ] se ele(a) é uma pessoa honesta e íntegra
    - [ ] se ele(a) está cheio do Espírito Santo
    - [ ] _____

Recomendo o livro abaixo para você se aprofundar na vida espiritual na família:

CHRISTENSON, Larry. *A família do cristão*. Belo horizonte: Betânia, 1996. P.138-208.

14
Roteiro da cerimônia de casamento

Observação: O seguinte roteiro de cerimônia é simplesmente uma sugestão que pode servir como base ou ponto de partida para uma variedade de atividades na cerimônia de casamento.

1. Entrada
Padrinhos
Noivo
Noiva

Observação: Às vezes, os noivos querem que crianças participem da cerimônia, espalhando flores pelo corredor, levando as alianças etc. Nesse caso, provavelmente elas entrariam antes ou depois da noiva.

2. O encontro do noivo com a noiva
Há inúmeras maneiras de realizar esse encontro:

1. A noiva vai até o altar com o pai. O pai dá um beijo no rosto da filha e a entrega ao noivo.
2. A noiva é levada pelo pai ou outra pessoa até a metade do corredor e ali o noivo a encontra e a leva até o altar. Uma sugestão é colocar um laço entre as fileiras do corredor, que o

noivo desmancharia para permitir a passagem da noiva. Então, ambos iriam juntos até o altar.
3. A noiva entra na igreja acompanhada pelo pai e pela mãe, que entregam a filha ao noivo.
4. A noiva entra sozinha para encontrar seu noivo no corredor ou no altar.

3. Palavra de introdução

O pastor (a congregação está em pé e os noivos estão no altar para iniciar a cerimônia):

"Meus queridos irmãos e amigos. Estamos aqui reunidos para unir _____ e _____ em santo matrimônio. Lembramos que estamos na presença de Deus e que os votos feitos por este casal são realizados perante a Igreja de Cristo e na presença de nosso Pai Celestial. Eles me certificaram de que já foi legalmente realizada a cerimônia civil, e agora é nosso privilégio e nossa alegria invocar a bênção divina sobre este matrimônio."

Depois dessas palavras, o pastor faz uma oração invocatória. Uma sugestão: poderia ser tocada uma música antes ou depois da oração.

4. Música

5. Mensagem aos noivos

Observação: A oração é opcional no final da mensagem – fato que depende do gosto dos noivos.

6. Cerimônia das velas

(opcional, conforme o desejo dos noivos)

O pastor fará uma pequena explicação do significado de Gênesis 2.24: "... e se une à sua mulher, tornando- se os dois uma só carne".

No início da cerimônia, os pais (ou mães) dos noivos acenderão as duas velas laterais de um candelabro de três velas, significando que eles deram à luz seus filhos. Depois da explicação do pastor sobre a simbologia da cerimônia, os noivos se aproximam do candelabro e cada um pega uma das velas acesas. Em seguida, ambos acendem a vela central apagando a anterior e colocando de volta no lugar. Durante essa cerimônia, poderia ser tocada mais uma música apropriada.

7. Música

8. Os votos

Sugestões:

1. O pastor diz frase por frase para que os noivos as repitam. Em meu aconselhamento pré-nupcial, encorajo os noivos a escreverem seus próprios votos.
2. Os noivos, de mãos dadas, olhando um para o outro, expressam espontaneamente ou repetem, após o pastor, os seus votos.

Exemplo de votos:

Noivo

Eu, _____, recebo você como minha esposa para tê-la e conservá-la de hoje em diante em toda e qualquer circunstância, para amá-la até que a morte nos separe, de acordo com a vontade de Deus. Para isso empenho minha honra e peço a Deus que me ajude a cumprir fielmente todos os compromissos implícitos no nosso amor.

Noiva

Eu, _____, recebo você como meu marido para tê-lo e conservá-lo de hoje em diante em toda e qualquer circunstância, para amá-lo e ser-lhe submissa até que a morte nos separe, de acordo com a vontade de Deus. Para isso empenho a minha honra e peço a Deus que me ajude a cumprir fielmente todos os compromissos implícitos no nosso amor.

9. Música
(Se os noivos não optarem por tocar uma música depois dos votos, em seguida inicia-se a troca de alianças.)

10. Alianças
O pastor explicará o significado do uso do anel no casamento. Geralmente eu enfatizo o compromisso que o casal está assumindo.

11. Declaração
Pela autoridade a mim conferida de ministro do evangelho de Cristo, eu os proclamo e declaro constituídos em família, esposo e esposa, segundo a ordenação de Deus.

12. Música
(opcional)

13. Oração e bênção do pastor
(o casal deve se ajoelhar)

14. Cumprimentos
Além de o noivo cumprimentar a noiva com um beijo, como é costume, em alguns casos os noivos gostam de cumprimentar os pais e padrinhos.

15. Apresentação do casal
O pastor se dirige ao auditório: "Irmãos e amigos de _____ e _____. Quero apresentar-lhes o sr. _____ e a sra. _____ (sobrenome).

16. Saída

Ao som de uma música, o casal sai para receber os cumprimentos dos convidados. Em caso de haver uma recepção em seguida para todos os participantes, o pastor deve explicar o local onde ela será realizada.

Oração

"Deus de amor, tu estabeleceste o casamento para o bem-estar e a felicidade da humanidade. Teu foi o plano e somente contigo podemos realizá-lo com alegria. Tu mesmo disseste: 'Não é bom que o homem esteja só: far-lhe-ei uma auxiliadora que lhe seja idônea'. Agora nossas alegrias estão duplicadas, pois a felicidade de um é a felicidade do outro. Nossos fardos agora estão divididos, desde que nós os compartilhemos.

Abençoa este marido. Abençoa-o como aquele que vai prover a esposa de alimento e vestuário. Sustenta-o em todas as lutas e pressões na sua batalha pelo pão. Seja a sua força a proteção dela, e o seu caráter o orgulho dela. Que ele viva de tal maneira que ela encontre nele o abrigo que o seu coração sempre desejou.

Abençoa esta esposa. Dá-lhe uma ternura que a faça conhecida, um profundo senso de compreensão e grande fé em ti. Dá a ela aquela beleza interior de alma que nunca desaparece, aquela eterna juventude que se mantém através dessas qualidades que nunca envelhecem. Ensina-lhe que o casamento não é meramente viver um para o outro; são duas mãos juntas e unidas para servir-te.

Dá-lhes um grande propósito espiritual na vida. Que eles possam buscar em primeiro lugar o Reino de Deus e a sua justiça, e todas as coisas lhes serão acrescentadas. Que eles não esperem encontrar um no outro aquela perfeição que pertence somente a ti. Que eles estejam prontos a se perdoar nas fraquezas e a valorizar seus pontos fortes, vendo um ao outro com amor e paciência. Que todas estas coisas sejam feitas de acordo com a tua vontade.

Dá-lhes lágrimas suficientes para conservá-los sensíveis, provações para conservá-los humanos, faze-os fracos para conservarem suas mãos atadas às tuas, e enche-os de felicidade para que tenham certeza de que estão caminhando contigo. Que eles nunca desvalorizem o amor de um pelo outro, mas experimentem sempre o maravilhoso sentimento que exclama: "Entre todos os outros deste mundo, você me escolheu!".

Quando a vida terminar e o sol se puser, que eles possam ser encontrados tal como agora, ainda de mãos dadas, ainda agradecendo a Deus um pelo outro. Que eles possam te servir contentes, fiéis, juntos, até o dia em que um deles entregar o outro nas mãos de Deus. Isso pedimos por Jesus Cristo, a fonte do verdadeiro amor. Amém."

Louis Evans

Observação: Oração feita na cerimônia de casamento de Jaime e Judith Kemp.

15
Lua de mel

Certa vez, um casal contou-me sobre seus amigos que se casaram havia pouco tempo e já estavam com problemas gravíssimos. Depois de ouvir histórias muito tristes sobre o casamento, perguntei se um desses amigos sabia alguma coisa sobre a lua de mel do casal. Creio que alguns problemas, especialmente no início do casamento, podem ser causados ainda no período de noivado ou na lua de mel. Eles me contaram o seguinte drama: "O casamento deles foi mais ou menos às 19 horas, e até terminar a recepção e os preparativos para a viagem já eram mais de 22 horas. Eles viajaram com outros irmãos e parentes durante mais ou menos duas horas até chegarem ao local onde iriam passar a noite, junto com os familiares. Naturalmente, porque não havia espaço suficiente, as mulheres tiveram que dormir num quarto e os homens em outro, incluindo o novo casal.

No dia seguinte, o casal partiu sem os amigos e parentes para um acampamento onde pretendiam ficar sozinhos por alguns dias. Mas, chegando ao acampamento, descobriram que a sociedade de senhoras havia planejado um retiro no mesmo local. Você pode imaginar quanta atenção aquelas senhoras idosas deram à jovem esposa, a ponto de o casal não encontrar muitas oportunidades de ficar a sós. Além disso, eles também tiveram de dormir em um colchão velho, no chão.

Quando fiquei sabendo dessa "lua de mel", foi fácil entender por que o casal estava com sérios problemas logo no início do casamento.

Decidi adicionar este capítulo em meu livro porque creio que é de suma importância o que nós chamamos, na nossa cultura ocidental, de "lua de mel". Meu objetivo não é aprofundar-me neste assunto, mas apresentar algumas atitudes básicas e sugestões práticas sobre esse período tão importante da vida do casal.

Gostaria de começar explicando o porquê da lua de mel. Por que é costume um casal, recém-casado, passar uma, duas ou três semanas viajando no início do casamento? Naturalmente, é um costume da nossa cultura, e nem todas as sociedades têm esse hábito. Mas, pessoalmente, creio que é uma ótima prática, pensando na preparação para a vida a dois.

A lua de mel é importante porque é o início da experiência de "uma só carne". É fundamental planejar bem esses dias tão preciosos na vida do casal, porque será uma experiência marcante a ser lembrada com saudade e carinho com o passar dos anos.

O casamento exige empenho na preparação de uma série de detalhes. O corre-corre que antecede as cerimônias causa desgaste físico e emocional. Primeiramente acontece o casamento no cartório, e depois a inesquecível cerimônia na igreja. Existe também a possibilidade de se realizar uma cerimônia religiosa com efeito civil, bastando que o registro da cerimônia de casamento seja levado ao cartório. Porém, a união de um homem e de uma mulher só é consumada através da experiência de "uma só carne". Isso acontece na cama, na noite de núpcias. Portanto, há necessidade de muita preparação também para a lua de mel. Em certo sentido, pensando no futuro conjugal do casal, ela é mais importante do que a própria cerimônia na igreja.

Durante o período de namoro, o casal deve concentrar sua atenção no desenvolvimento da área espiritual; no noivado, na área emocional e mental; e, no casamento, na união física.

Muitas vezes, os noivos casam com preocupações em relação à área física. Em geral, esses temores sobressaltam mais o coração da noiva. Eles podem provocar eventuais problemas emocionais logo no início do casamento. Há pelo menos duas razões para que a mulher se case receosa e sentindo-se incapaz de desfrutar do relacionamento físico.

Primeiramente, ela pode pensar que o sexo é mau, sujo, e só deve ser usado para procriação. Essa conclusão cria uma incapacidade de resposta sexual e, portanto, rouba a alegria e o prazer que ela deve experimentar, através de um relacionamento normal com o marido. Pode ser que ela tenha aprendido com sua mãe, que nunca experimentou uma sensação de prazer e, por consequência, transmitiu suas frustrações e desilusões para a filha. A jovem se casa com medo de se relacionar fisicamente com o marido.

Em segundo lugar, pode faltar uma educação sexual adequada. A noiva deve estar bem orientada sobre o que representa o sexo no casamento. Ela deve estar a par da natureza sexual dela e do homem. Gostaria de sugerir a leitura do livro *O ato conjugal*, de Tim LaHaye, algumas semanas antes do casamento. Há grande necessidade de conversar com o(a) noivo(a) sobre sexo, para que haja compreensão. Isso ajudará o casal nas primeiras experiências sexuais na lua de mel.

É importante lembrar que todo casal provavelmente terá alguns receios nessa área. Isso é mais ou menos normal. Mas alguns desses medos e dúvidas podem ser resolvidos através de uma conversa com um conselheiro qualificado, ou médico de confiança, antes do casamento.

Todo jovem deve evitar pelo menos dois extremos: primeiro, achar que o sexo é tudo. Quer dizer, imaginar que nada é mais importante que o relacionamento físico. Na verdade, o ato conjugal é extremamente importante no relacionamento do casal. Se os cônjuges não têm um bom relacionamento nessa área, sem dúvida isso afetará toda sua vida conjugal. Entretanto, é preciso tomar cuidado para não dar importância demasiada a ele porque o ser humano não é somente físico, mas também emoção e espírito. Não estou afirmando que o ato sexual é somente físico. Sem dúvida, ele é também emocional e espiritual. E essa é uma das razões por que ele é fundamental.

O segundo extremo é justamente o oposto. Sexo não é nada. É algo insignificante e não tem nenhum valor no relacionamento conjugal. Naturalmente, esse é um pensamento perigoso, porque Deus nos criou não somente com a capacidade de procriar, mas também com a capacidade de expressar atenção e amor, e comunicar a unidade da experiência de uma só carne. Sendo assim, o sexo é parte essencial do casamento e não deve ser desprezado. Há uma necessidade fisiológica e emocional que deve ser suprida através da expressão física.

Quero fazer algumas sugestões sobre atitudes a ser tomadas pelo casal durante a lua de mel.

1. Creio que já frisei a importância do planejamento. Naturalmente, isso deve ser feito em conjunto. Quanto tempo deve ser separado para a lua de mel, o lugar e a situação financeira são tópicos importantes a ser discutidos no planejamento.

2. Sugiro que a lua de mel dure, pelo menos, cinco dias ou, no máximo, duas semanas. Pessoalmente, não acredito que uma viagem à Europa, com duração de um a três meses, seja uma boa maneira de começar a vida conjugal. Por outro lado, penso que uma ou duas noites juntos não são suficientes para dar um bom início à vida do casal.

3. Creio não ser aconselhável viajar muito na lua de mel, especialmente depois da cerimônia na igreja. Geralmente o casal, nos últimos dias que antecedem o casamento, tem uma vida bem ativa e até cansativa, ocupado com os preparativos. A cerimônia em si, embora preciosa e maravilhosa, é cansativa. E o casal, depois de receber todos os cumprimentos dos parentes e amigos na recepção, invariavelmente está exausto. Portanto, a viagem para a primeira estada deve ser de mais ou menos uma hora à uma hora e meia, no máximo.

Um dos propósitos da lua de mel é conhecer um ao outro física, emocional e espiritualmente. Se esse período é preenchido por viagens e mudanças, não surgem tantas oportunidades para andar juntos, de mãos dadas, apreciando as paisagens, conversando intimamente, lendo a Palavra e a compartilhando e aprendendo a se relacionar fisicamente. Creio que seria melhor descobrir um lugar bonito, afastado, sossegado, e permanecer por ali alguns dias, sem se preocupar com viagens.

4. Um pensamento que o casal deve ter em relação à noite de núpcias é que a primeira experiência sexual é uma das principais alegrias da lua de mel. No entanto, eles não devem esperar realização total na primeira vez, nem necessariamente na primeira semana ou mês. Muitas vezes, os noivos têm fantasias sobre como vai ser o ato sexual com seu amado. Isso é mais ou menos normal, mas a vida é um processo de aprendizagem. Também deve ser lembrado que, para alcançar realização e perfeição no relacionamento físico, são necessárias semanas, meses e até anos.

Eu me lembro de quando aprendi a dirigir automóvel. Jamais me esquecerei de como soltava a embreagem e tentava coordená-la com a aceleração. Nas primeiras tentativas, quase joguei meu instrutor contra o para-brisa do carro. Agora, após trinta e oito anos de prática, é muito difícil acontecer isso.

Assim como é preciso tempo para aprender a dirigir um carro, também é necessário tempo para conhecer o cônjuge. Portanto, se você ficar desapontado nas primeiras experiências, imaginando que não foi como havia idealizado, não desanime, porque isso é natural. Possivelmente, a esposa não terá um orgasmo na primeira vez, e se isso ocorrer ambos não devem se preocupar. Há uma membrana na abertura da vagina que provavelmente será rompida quando o pênis a penetrar. Isso pode ser um pouco doloroso para a esposa. Por isso, há necessidade de o marido tomar muito cuidado e demonstrar muita paciência e compreensão, especialmente nas primeiras experiências.

Em Gênesis 4.1 [Almeida Revista e Corrigida] está escrito, referindo-se à experiência sexual de Adão e Eva: "E conheceu Adão a Eva, sua mulher, e ela concebeu...". A Bíblia menciona esse ato através da palavra *conhecer*. Realmente, esse é o alvo principal da lua de mel. No namoro e noivado há um conhecimento emocional, espiritual, mental e, até certo ponto, físico. Mas, no casamento, o "conhecer" mútuo é total — fato que demanda tempo. E o tempo mais importante se concentra, justamente, durante as primeiras semanas.

O marido começa a descobrir o corpo da sua esposa, conhecer as áreas eróticas, os tipos de carícia que a excitam mais na preparação para o ato conjugal, onde ele deve gastar bastante tempo, antes da relação propriamente dita. É claro que também estou me referindo à mulher descobrindo o corpo do homem.

É um "conhecer" maravilhoso, e se o casal procura esse conhecimento antes do casamento sua precipitação pode provocar um desastre emocional e mental.

5. A lua de mel não deve ser utilizada para resolver negócios da empresa ou do ministério. É um momento tão importante na vida do casal que merece ser desfrutado completa e intensamente. A noite de núpcias adiada não é mais lua de mel. Passa a ser apenas férias dos cônjuges. Portanto, se você não pode tirar uma ou duas semanas de férias, espere até conseguir algum tempo disponível para se casar.

6. A privacidade do casal é sagrada. Para a mulher, é muito importante saber que a porta do quarto está trancada e que ninguém irá surpreendê-los. Os cônjuges precisam ter plena segurança de que estão sozinhos e que o amor expresso através do ato conjugal é somente deles e para eles, totalmente íntimo.

7. Algo que deve ser respeitado, não somente na lua de mel, mas durante toda a vida conjugal, é a higiene. Muitas mulheres com as quais tenho conversado têm vergonha, não têm coragem ou jeito para comunicar ao marido a dificuldade que sentem em desfrutar o

ato sexual porque o cônjuge não cheira bem. Nem sempre esse é um problema que somente a mulher enfrenta. Também há maridos que reclamam. Por isso, é essencial tomar banho antes da relação sexual.

Às vezes, o casal tem o hábito de tomar banho em determinada hora do dia. Provavelmente não há necessidade de tomar outro banho antes do ato sexual. Estou simplesmente enfatizando a importância da higiene.

8. Em nossa cultura, considera-se que é sempre o homem que deve iniciar o período de despertamento sexual. Talvez o homem tome a iniciativa mais frequentemente — assim como deve, naturalmente, assumir a liderança em outras áreas do casamento. Porém, em alguns casos, é a esposa quem dá início ao jogo do amor. É perfeitamente possível a mulher demonstrar interesse em iniciar o ato sexual. Tenho, inclusive, descoberto no meu aconselhamento que muitos maridos gostariam que suas esposas fossem um pouco mais ousadas.

Não existe o certo e o errado. Tudo depende daquilo que o casal deseja. Portanto, há uma grande necessidade de comunicação a esse respeito.

9. Existem três períodos no ato conjugal que eu gostaria de abordar. Primeiramente, o período do despertamento ou jogo do amor, que é de grande importância. Sem ele, o casal não pode desfrutar o prazer do ato sexual.

Esse período de despertamento é variável de pessoa para pessoa e de casal para casal. Muitas mulheres podem ser levadas ao orgasmo em dez minutos, outras precisam de vinte a trinta minutos. Mas é muito importante, e até mesmo indispensável, que o marido reconheça que a mulher precisa de tempo para ser despertada até atingir o momento de experimentar o clímax. O homem se excita rapidamente. Geralmente, o problema dele é conseguir se controlar até sua esposa estar sexualmente preparada.

Como mencionei anteriormente, talvez a esposa não experimente o orgasmo nas primeiras experiências. Também pode ocorrer uma ejaculação precoce, isto é, ele tem um orgasmo antes de penetrar na vagina da sua esposa por falta de experiência e autocontrole. Essa é mais uma área que exige experiência. Se acontecer alguma coisa errada na primeira noite, o casal não deve levar isso tão a sério como se fosse um fracasso. Conversar abertamente sobre o assunto pode contribuir muito para aprofundar o amor do jovem casal.

O período de despertamento não começa na cama. Ele se inicia pela manhã, quando o marido beija sua esposa antes de sair para o trabalho. Palavras de carinho durante o dia ou uma carícia especial preparam o casal emocionalmente para o ato sexual à noite.

Muitos casais desenvolvem uma linguagem especial para se comunicar, mesmo quando os filhos estão por perto. Para a mulher, o ato físico é também emocional. Não estou sugerindo que o homem não se emociona. Creio, porém, que para ela há uma ligação mais íntima entre as emoções e as manifestações físicas, diferentemente do que acontece com os homens. Quero ilustrar esse fato. Imagine que um casal briga pela primeira vez certa manhã. Mas logo o marido confessa que estava errado e pede perdão. A esposa o perdoa. Muito bem. À noite, ele quer manter relações sexuais, mas ela não sente desejo. Imediatamente ele deduz que ela não o perdoou. É provável que ela o tenha perdoado, mas sente dificuldade em desejar o relacionamento físico. Aquilo que aconteceu pela manhã a abalou emocionalmente. Sendo assim, ela precisa de tempo para vencer suas barreiras. Para o marido é bem diferente. Ele pode estar emocionalmente abalado por algum motivo; mas aquilo não o impedirá e ele não terá de superar nenhum bloqueio para a relação sexual. Portanto, é fundamental cuidar do relacionamento.

Durante o período de despertamento, a esposa nunca deve se preocupar com o marido, mas somente concentrar-se no seu próprio despertamento, nas carícias que recebe. Ele deve desejar conquistar sua esposa, enquanto ela precisa se render completamente ao amor, carinho e atenção dele.

O segundo período é justamente o momento do orgasmo. É um período de satisfação máxima. Do ponto de vista da medicina, está provado que a mulher pode ter até mais orgasmos que o homem, o que também demonstra que ela é tão sexual quanto ele. O ideal é o casal ter o orgasmo simultaneamente, mas não existe nenhuma regra para isso. Em alguns casos, só será possível conseguir o clímax juntos quando o casal já tiver certa experiência. A respeito de posições no ato sexual, eu diria que tudo é lícito, desde que um não viole a consciência do outro. O que pode ser agradável para um dos cônjuges pode ser desagradável para o outro. Portanto, há necessidade de o casal sempre verbalizar o que pensa e sente para, depois de alguma experiência, determinar qual posição traz mais satisfação aos dois. Isso é determinado pelo casal.

Nesse ato maravilhoso, é importantíssimo observar o princípio do amor ágape (amor de Deus). Se o amor ágape está permeando o amor eros (amor sexual), não haverá problemas de ajustamento, porque o amor é paciente, é benigno, não se conduz inconvenientemente, não se exaspera, não procura seus interesses, tudo espera, tudo suporta. No casamento, especialmente na área sexual, não há lugar para egoísmo.

A terceira fase do ato sexual é o relaxamento. Depois do orgasmo, o marido tem a sensação de estar saciado e até exausto. Ele deseja dormir, porque está cansado. Mas é importante que ele saiba que, do mesmo modo que sua esposa levou um período mais prolongado para despertar sexualmente, também precisará de um pouco mais de tempo para relaxar. Como um alpinista que sobe a montanha, chega ao topo e quer ficar um pouquinho lá apreciando as lindas paisagens, ela também não tem pressa para descer. Nessa hora, a maior necessidade da mulher é ser abraçada pelo marido, que, com palavras e carícias, deve demonstrar seu amor por ela. Se ele se afastar imediatamente depois do clímax, virar as costas e dormir, o encanto do momento é quebrado, como uma luz que se apaga. A esposa se sentirá um objeto de prazer nas mãos do marido. Ela pode até desenvolver sentimentos de hostilidade. O marido se assemelhará a um ladrão, que rouba o corpo e o coração dela e foge. Portanto, marido, seja sensível e observe as necessidades de sua esposa durante o período de relaxamento, após o ato sexual.

Entretanto, a esposa também precisa entender que o marido está cansado e tem desejo de dormir. Em alguns casos, o casal quer ter outra relação mais tarde, depois de ter dormido nos braços um do outro. Quando se unem pela segunda vez em uma só noite, geralmente o marido tem mais facilidade para prolongar o jogo do amor, porque já houve um alívio sexual algumas horas antes.

Quero frisar novamente que não existem regras fixas a respeito do comportamento relacionado à frequência, posição, lugar etc. durante o ato sexual. Menciono, porém, duas regrinhas: a primeira é que o amor ágape precisa envolver o relacionamento; a segunda é nunca violar a consciência do cônjuge.

Um casal me confessou que, depois do ato sexual, eles se sentem mais perto do Senhor e têm desejo de orar. Outros casais têm afirmado que oração e sexo não combinam. Infelizmente, eles separam a vida sexual da vida espiritual. Isso é um grande erro. Lembre-se, o ato sexual é tão espiritual quanto emocional e físico. Deus é o Senhor de todas as áreas da nossa vida. Ele quer participar de todas as nossas experiências; e isso também é verdadeiro quando se trata da maravilhosa experiência do ato sexual no casamento.

> Beija-me com os beijos de tua boca; porque melhor é o teu amor do que o vinho. Suave é o aroma dos teus unguentos, como unguento derramado é o teu nome; por isso, as donzelas te amam.
>
> Cântico dos Cânticos 1.2-3

Sustentai-me com passas, confortai-me com maçãs, pois desfaleço de amor. A sua mão esquerda esteja debaixo da minha cabeça, e a direita me abrace.

Cântico dos Cânticos 2.5-6

Que belo é o teu amor, ó minha irmã, noiva minha! Quanto melhor é o teu amor do que o vinho, e o aroma dos teus unguentos do que toda sorte de especiarias! Os teus lábios, noiva minha, destilam mel...

Cântico dos Cânticos 4.10-11

Que formosos são os teus passos dados de sandálias, ó filha do príncipe! Os meneios dos teus quadris são como colares trabalhados por mãos de artista. Os teus dois seios, como duas crias, gêmeas de uma gazela. O teu pescoço, como torre de marfim; os teus olhos são as piscinas de Hesbom, junto à porta de Bate-Rabim; o teu nariz, como a torre do Líbano, que olha para Damasco.

Cântico dos Cânticos 7.1 e 3-4

Põe-me como selo sobre o teu coração, como selo sobre o teu braço, porque o amor é forte como a morte, e duro como a sepultura, o ciúme; as suas brasas são brasas de fogo, são veementes labaredas.

Cântico dos Cânticos 8.6

O COMPROMISSO DA ESPERA

Milhares de jovens se casam anualmente e também se divorciam. Há aqueles que acham normal e não se preocupam. Há, porém, os que reconhecem a ameaça que a destruição da família pode provocar na sociedade e, querendo precaver-se, buscam alguma orientação.

Haverá alguma forma de conter essa "onda"? A Bíblia diz que o sábio aprende com a experiência do outro e evita cair no mesmo lugar que ele caiu. Creio que a observação é o primeiro passo para evitar o "buraco" à frente.

A ESCOLHA DO CÔNJUGE

Comecemos do início: a escolha. Por que tantas pessoas fazem escolhas erradas? Muito possivelmente porque receberam pouca ou nenhuma instrução acerca de parâmetros referenciais.

Hollywood e a indústria da televisão comunicam que as pessoas devem fazer suas escolhas somente com base em seus sentimentos. Porém, apesar de fortes, os sentimentos oferecem pouca substância para se escolher a pessoa com quem se viverá os próximos quarenta ou cinquenta anos de vida.

Há alguns anos, escrevi o livro *Antes de dizer sim*. Meu objetivo era tentar "tirar cabeças das nuvens e colocar pés no chão". O artigo tem em vista avaliar algumas razões que levam os jovens a escolhas erradas e procura oferecer àqueles que estão em fase de decisão mais subsídios para decidir sabiamente.

CASAMENTO MUITO RÁPIDO

Tenho, literalmente, recebido centenas de cartas de jovens dizendo que estão perdidamente apaixonados e que estão para se casar. Posso afirmar, pelos fatos transmitidos, que grande parte dessas decisões possui muito de fantasia e pouco de realidade. Chego a afirmar que o casamento tem sido seriamente subestimado. Muitos desses casais não percebem quanto de maturidade é necessário para levar um casamento adiante. Não vou generalizar, mas tenho observado que nos casamentos em que o período de namoro e noivado segue um rumo normal, e não o "instantâneo", o risco de separação é reduzido.

Seguindo a mesma linha de pensamento, também me preocupa bastante os segundos casamentos feitos rapidamente. A possibilidade de um efeito contrário é enorme.

A resposta à pergunta "Com quem vou me casar?" é muito importante. É necessário paciência. Descanse no Senhor e avalie a opinião de pessoas em quem você confia.

CASAMENTO SENDO MUITO JOVEM

Sempre ouvi uma linda história sobre o casamento de uma jovem de dezesseis anos e um rapaz de dezoito, que já estão fazendo cinquenta anos felizes em comum. Acredito! Até conheço alguns assim. Porém, as estatísticas mostram que a taxa de divórcio entre casamentos realizados antes dos vinte anos é incrivelmente alta. Quando se é muito jovem, é mais difícil assumir um casamento e todas as suas implicações! Há vários momentos para isso, desde físicos, até espirituais e emocionais. O maior problema, do meu ponto de vista, é o fato de que, quando se casa muito jovem, a identidade individual ainda não está totalmente formada. O cônjuge se afasta dos pais ainda antes de ter seus traços de caráter e personalidade definidos. Ainda não definiu seus alvos, talentos, dons e necessidades. Ainda não possui diretrizes suficientes para decidir o tipo de pessoa que combina consigo, pois nem a si mesmo conhece muito bem. É preciso mais maturidade.

PESSOAS EXTREMAMENTE ANSIOSAS PARA SE CASAR

Já cheguei a aconselhar alguns casais que estavam para se casar que dessem mais um tempo. Não é fácil o conselheiro pedir esse tipo de coisa a um casalzinho que já se vê com aliança na mão esquerda. Porém, há casos em que, perante Deus, é esse o conselho a ser dado. Tive alguns casos assim. Entre eles, houve quem aceitasse o conselho. Lembro-me de uma ocasião em que os noivos se recusaram a adiar o casamento e, em menos de um ano de casado, voltaram com sérios problemas. Outros, inclusive, estão em processo de divórcio. Não sou dono da verdade, nem sempre acerto, mas há ocasiões em que é nítido o fato de que ambos não estão ainda prontos para o casamento. O que causa esse ímpeto descontrolado para se casar? Algumas vezes é medo de que o(a) noivo(a), com uma característica volúvel, mude de ideia. Então, é mais ou menos assim: "Vou tratar de me casar logo, porque ele(ela) pode deixar de me amar, e aí adeus casamento...". Ou então a solidão é tão forte que a ideia de ter alguém com quem partilhar a vida se torna extremamente atraente, e o que às vezes acontece é que simplesmente acabam ficando duas pessoas sozinhas, em vez de uma só.

Nesse contexto, não se deixa de amar antes, quando se deixa de amar já no casamento, e o rompimento é extremamente mais doloroso. Se esse amor é assim tão frágil, não é melhor dar um tempo, conversar a respeito, avaliar a situação antes de (conscientemente) entrar em um barco já furado?

Isso sem falar naqueles que se casam para não ficar sozinhos, pressionados pelo impulso sexual cada vez mais forte ou pela simples solidão. E ainda há o caso daqueles que se casam da noite para o dia, para "cobrir" uma gravidez. Cada caso é um caso, e há muitos que talvez estejam vindo agora em sua mente. Esses e vários outros podem levar um casamento a um desastre.

ESCOLHA DO CÔNJUGE PARA AGRADAR OUTRA PESSOA

Casar-se com alguém para agradar aos pais ou alguma outra pessoa que lhe é querida não dá muito certo! Será você quem se relacionará tempo integral com o cônjuge, e não aqueles a quem você quer agradar. Para fazer uma decisão sábia, é necessário conhecer sonhos, necessidades e objetivos da outra pessoa. Isso não significa que não se deva ouvir conselhos daqueles a quem amamos e por quem somos amados. A Palavra de Deus nos diz: "Na multidão de conselheiros há segurança". Então, após ouvir cuidadosamente a opinião de seus queridos, você deverá, objetivamente, tomar uma decisão.

A NÃO COMPREENSÃO ENTRE O AMOR VERDADEIRO E A PAIXÃO ROMÂNTICA

Quando se é muito jovem, o que se sente em um namoro é romantismo, e não amor. É necessário tomar cuidado para não perder a objetividade, que é a habilidade de, mentalmente, avaliar as coisas como elas realmente são, em vez de sermos manipulados pelos sentimentos. Muitos jovens têm tomado decisões precipitadas porque perderam essa objetividade, confundindo muitas vezes uma paixão romântica com o amor verdadeiro.

PROBLEMAS DE PERSONALIDADE OU DE COMPORTAMENTO NÃO TRATADOS

Alguns casais de namorados que chegam para aconselhamento estão em fase de consideração sobre casamento. Apesar de já terem bastante tempo de namoro, quase não se conhecem. Não atravessaram juntos situações variadas o bastante para familiarizarem-se. Possuem grande atração física e sentem-se perdidamente apaixonados um pelo outro. Porém, não conversam muito sobre importantes áreas. Não conhecem as preferências um do outro, os pontos fortes e os fracos, a família etc. Nunca chegaram a conversar sobre questões financeiras, como resolver um conflito, carreira, disciplina de filhos etc.

Lembrem-se: quanto mais conversarem, mais experiências vivenciarem juntos, menos surpresas desagradáveis terão no contexto do casamento propriamente dito.

EXPECTATIVAS IRREAIS

Um casal que estava à beira do divórcio veio se aconselhar, numa tentativa de resolver alguns conflitos. A observação deles foi esta:

— Não tínhamos a menor ideia de que teríamos tantas áreas de conflito e de desentendimento. Não conseguimos concordar em que lado da cama cada um quer ficar. Brigamos até se uma janela deve ficar aberta ou fechada.

A verdade é que cada um de nós entra no casamento com todos os tipos de expectativa. Pensamos que será muito fácil mudar nosso cônjuge. Ficamos, então, surpresos quando nos deparamos com sofrimentos emocionais e problemas de difícil solução.

Mesmo que seu casamento melhore muito, sempre haverá desafios pessoais para testar o relacionamento com Deus e de um cônjuge para com o outro.

Você permanecerá firme em sua decisão? Concederá a si mesmo um tempo para amadurecer nessa área? Procurará avaliar, objetivamente, seus sentimentos para com a outra pessoa? Procurará conversar e avaliar o que julgar serem comportamentos ou hábitos inadequados de seu(sua) namorado(a)? Procurará olhar a vida com mais objetividade, tendo expectativas mais realistas?

Lembre-se: casamentos felizes começam com a escolha certa! Faça uma escolha correta!

16
Tarefas fora do horário do aconselhamento pré-nupcial

O objetivo destas tarefas é enriquecer e aprofundar o aconselhamento. O pastor ou conselheiro pode utilizá-las, se achar interessante, para complementar as sessões de aconselhamento.

O aconselhamento pré-nupcial consome muito tempo do pastor ou conselheiro. Devo dizer que conheço poucas pessoas que valorizam o tempo gasto nessas sessões. Muitos dizem: "O salário do pastor inclui o seu ministério de aconselhamento". Entretanto, esse é apenas um entre os vários ministérios que ele tem. Por isso, o pastor precisa tomar cuidado para não dedicar tempo demais ao aconselhamento, negligenciando sua vida devocional, o estudo da Palavra, o planejamento e outras atividades prioritárias do ministério.

Em se tratando de aconselhamento pré-nupcial, é essencial elaborar algumas tarefas criativas para o casal. Isso aprofundará sua preparação para o casamento e ajudará o pastor a utilizar melhor o tempo. As "tarefas de casa" também podem tornar as sessões muito mais dinâmicas. Eis oito atividades que podem ser usadas. Todas devem ser dadas no final de cada sessão de aconselhamento, para serem compartilhadas no encontro seguinte.

1. Escrever três alvos em relação ao casamento
Peça ao casal que escreva individualmente seus alvos. Na sessão de aconselhamento que vem a seguir, eles devem ler os alvos destacados

e explicar a razão de terem sido mencionados. Isso os ajuda a saber por que estão se casando e o que esperam do casamento. Se os alvos de cada um forem bem diferentes, há uma boa possibilidade de surgirem sérios problemas no futuro. De todo modo, o conselheiro terá de avaliar essas diferenças à luz da Palavra de Deus e ajudar o casal a elaborar os seus alvos, de acordo com os princípios da Bíblia.

2. Parafrasear Efésios 5.21-33

Peça ao casal que escreva individualmente uma paráfrase do texto de Efésios 5.21-33. Incentive-os a adicionar palavras e frases para melhores explicações, tornando a passagem o mais pessoal possível, sem mudar o sentido. Na sessão seguinte, eles devem ler suas paráfrases. A razão disso é incentivar ambos a pensar seriamente sobre os princípios da Palavra. Esse exercício também serve como um ponto de partida para uma discussão dinâmica e profunda sobre o papel do marido e da esposa na vida familiar.

3. Escrever separadamente o que significa submissão da mulher e liderança do marido

Cada um deve escrever de três a cinco características, descrevendo o papel da esposa (submissão) e o do marido (liderança). Se há grandes divergências nos conceitos, o conselheiro deve estudar com o casal passagens como Efésios 5.21-33; 1Pedro 3.1-12; Colossenses 3.18-21; Tito 2.1-5; 1Timóteo 3.1-13; e Provérbios 31.10-31.

4. Escrever três características positivas do(a) noivo(a)

Cada um deve ler para o outro o que escreveu. Essa tarefa pode ajudar o casal a melhorar a comunicação e aprender a expressar seus sentimentos.

5. Elaborar um orçamento familiar

1. Peça ao casal para elaborar um orçamento familiar (consulte o capítulo 11 do livro *Sua família pode ser melhor*). Se os noivos apresentarem

resistência à tarefa, o conselheiro deve insistir, porque, embora ainda não saiba nada sobre suas futuras receitas e despesas, o casal terá de enfrentar essa realidade no seu dia a dia. Não é tão importante discutir os itens do orçamento, mas conceitos bíblicos sobre finanças.

2. Em seguida eles devem ler o livro de Provérbios juntos, sublinhando todas as passagens que oferecem qualquer ensino sobre finanças. Os noivos devem discuti-las, visando a um entendimento para a elaboração do futuro orçamento familiar.

6. Projetar um planejamento para cinco anos

Cada um deve escrever o que gostaria que acontecesse nos próximos cinco anos. Por exemplo: nesse período ele quer economizar o suficiente para dar entrada num imóvel; ela quer ter três filhos. Essa tarefa pode ajudá-los a evitar que andem em direções opostas após o casamento.

7. Ler trechos de bons livros

Peça ao casal que leia, por exemplo, os capítulos 2 e 3 do livro *O ato conjugal*, o livro *O que as esposas desejam que seus maridos saibam a respeito das mulheres* ou o livro *Sexo e intimidade*. É importante haver uma conversa aberta sobre o relacionamento físico para esclarecer qualquer dúvida ou dificuldade nessa área.

8. Escrever seus próprios votos

Depois que o casal escreve seus votos, peça-lhe que os leia. Então, conversem sobre os compromissos que assumirão. Procure levá-los a entender a importância do compromisso que estão abraçando.

Atualmente, os lares realmente cristãos são exceções e não a regra. Por isso, o aconselhamento pré-nupcial é um meio de o pastor ajudar na construção de lares fortes e felizes.

Lembre-se de que "nossas igrejas serão fortes na medida em que os lares sejam fortes".

Compartilhe suas impressões de leitura escrevendo para:
opiniao-do-leitor@mundocristao.com.br
Acesse nosso *site*: www.mundocristao.com.br

Diagramação: Sonia Peticov
Preparação: Omar de Souza
Revisão: Sônia Emília Andreotti Pinto
Fonte: Caslon
Capa: Magno Paganelli
Gráfica: Imprensa da fé
Papel: Offset 75 g/m² (miolo)
Cartão 250 g/m² (capa)